台灣經濟
轉捩時刻

經濟部長 尹啟銘 著

商周出

揚帆再發

馬凱

書如人，常有其特定任務。有的在於營造一個情境，引人入其轂中，意亂神搖；有的則在傳達某種訊息，與讀者分享作者獨得之秘。這本《台灣經濟轉捩時刻》則不同，它不僅極力要傳達一個訊息，激發讀者的共鳴，而且更深刻地向閱讀者描繪出一個憂國憂時、以蒼生爲己任的「士」的形象。

在此時此刻的台灣，知道台灣處於何境，如何脫憂解困，固然是當務之急；但清楚而深刻的認識這個人，對許多讀者而言，無寧更引人入勝。因爲這位著書人，無端遭綠朝貶謫，辭官歸去，如今改朝換代，復出而成爲國家經濟決策者之不二人選，不惟其宦海沉浮頗有可觀，更要緊的是，他成爲以拼經濟爲第一要務的新內閣之經濟決策核心，國人皆欲知他會成爲什麼樣的經濟部長，會將台灣經濟帶往何處去。眼前就有一個現成的解謎之鑰：讀此書，上述問題之答案，即知過半矣。

要寫一本解析台灣經濟現況，揭舉當前面對的種種困難與挑戰，並指點未來何趨

何從的書，在這個網路發達、天文地理唾手可得的資訊爆炸時代，並不是什麼難事。眞正難得的是掌握了關鍵所在，把握住重要方向，獨具慧眼深刻而正確地解讀相關資訊，提出獨特的看法。但這仍不是最高的境界。眞正超凡入勝的境界，是發自內心對芸芸眾生倒懸之急的關切與焦慮，恨不能早日解其倒懸的急切與難忍，乃至十年磨一劍，躍躍欲一試身手，力斬群魔之慷慨激昂。

作者究竟是何等人，在書首與書尾已透露幾許。在文前自序中，作者回首少年時父親面臨可能失業的危機，全家驚惶愁苦，如今面對國人中失業者日多，立即觸動往日的驚惶，一心苦思：到底我能做些什麼？在全書之末，作者手撫峻拒十元銅板的賣地瓜老人粗糙的手掌，內心吶喊：老伯，我還能替您做些什麼？

就是這一念要做些什麼，讓他在無可爲時辭官而去，又在有可爲時挺身而出。就衝著想做什麼的念頭，他必定會成爲一個偉大的經濟部長，但更有過之，他應會成爲當今之世士的典範。

尹先生是一個有眞性情的人，由此可見一斑。我與他相交，也是在類似的情況下。應當是若干年前他擔任工業局長時，國內環保與經濟發展的衝突愈演愈烈，在工業局主辦之一場公聽會中，我受邀以一個經濟研究者的身份表達意見。記得當時我發

自內心地省思環保與經濟發展的眞實意義，導引出兩者本質相同，都在爲人群追求更好的生活，只是受到若干市場機制無法妥善處理的問題，如外部性、資訊不對稱等的干擾，而造成相互扞格乃至你死我活的衝突。

事後令我深感驚異而榮幸的是，尹局長令人將上述說辭打印分發，要求局內同仁參閱。這是我平生的一次殊榮。此後雖時有過從，卻從無私交，只是每當有重大變化，常賜以親筆書涵，縱使我懶怠不回，也不以爲忤。

此次應出版社之邀，將其四年前第一本力作再版發行，作者一改其初版時未邀人作序之初衷，屬意我代爲作序，是我的另一個殊榮。

我之所以受寵若驚，不只是因爲過去從無私交而已，而是在閱讀全書時赫然發現，作者對學者其實十分不以爲然。在探討台灣何以陷入今日困境而面臨轉捩時刻，作者曾四次直指學者以糖衣毒藥，誤導國人無視成長低落之警訊、失業率升高之病徵、出口占有率節節敗退之危機，繼續痲痹身心、歌舞昇平。這是到目前爲止對國內經濟學者最嚴厲的指責。我很慶幸不曾爲虎作倀，但作者有意由經濟學界中人作序，更讓我深以不隨波逐流、常思眾醉獨醒而自期許。

但即使如此，既受命推薦，仍不能不毫無掩飾地忠誠發抒己見，或正因爲如此，

更應該毫不保留地直敘我同意與不同意的一切看法。

此書之作，其用心十分明白：要明白指點台灣當前的處境，找出種種問題，進而剖析其成因，找出對症良方。以作者扎實的技術官僚資歷及其政大企管博士的學歷，要完成此一作務，誠爲不二人選。然而這兩者或許也正構成其視野上與分析方法上的執著，限制其所能達到的境界。

先就前者而言，作者的主要工作背景是工業局的正、副局長；而我們的政府又一向有重工業、輕服務業的偏見；因此在爲台灣經濟處方時，作者的重點幾乎全放在工業尤其是製造業。服務業雖偶一提及，只是聊備一格，並未深入。不僅高占ＧＤＰ近七成，而且百病叢生、無人聞問的服務業受到忽視，其他與經濟發展、升級息息相關的諸如環保、教育、文化等等，也幾乎全未提及。就工業局長乃至經濟部次長而言，這或許並無大礙；但作爲主管全國最高經濟決策之經濟部長而言，就失之於見樹不見林，無法建立全面而整體的觀點。若要談論「台灣之轉捩時刻」，卻自限於工業乃至製造業的發展，更有如以管窺豹，的確美中不足。

猶憶其前手楊世緘任工業局長時，在幾個經濟研究者的攛掇之下，展開一場前所未有的台灣產業政策研究；當時的架構已將環保、兩岸、外勞等問題一概納入，氣魄之大，有過於行政院長，對於其後台灣經濟布局影響匪淺。作者既然想爲台灣人民做些什麼，又在此關鍵時刻執掌最高經濟決策，意圖以其特殊背景登高一呼，指引台灣經濟在轉捩點能步上正軌，更不能夠畫地自限，只囿於過去關注的狹小領域，而忽略眞正改變台灣經濟走向的關鍵要素。

再就其博士學歷而言，專精的學養常識讓人有效掌控資料、嚴謹分析，推出重要論點，發爲洋洋灑灑的宏文。因此作者在縱論全球經貿架構、科技產業發展大勢、亞洲四小龍興衰起伏，乃至中國大陸的許多統計資料時，皆能信手拈來，有條不紊地夾敘夾議。但往往未能切中若干關係重大的底蘊，難免陷靴搔癢之歎。

例如，書中對全球化鋪陳甚多，也對全球生產成本大降，供過於求等有具體的說明，對於工作外移，企業跨國移動等也十分著重，卻未點出其與一九八〇年代後半開發中國家大量釋出廉價勞動之密切關聯，因而難免治絲益棼，支離破碎，殊屬可惜。因而在探討九〇年代亞洲經濟發展架構時，過去的「雁行理論」如何打破而出現的「不連續」狀態，也就無法從事妥切的分析。同樣地，在討論八〇年代後期台灣加工出口業忽然消失時，也完全忽略了最先釋出廉價勞動的泰、馬等國，而使論述出現跳針現象。

此外，作者藉以凸顯台灣偏差以及指引未來扭轉方向，主要以台灣之外的亞洲四小龍中另外三國爲座標。相關證據方面，徵引周詳，但部份解讀稍微欠缺了一點深度。例如以香港九七年前後的變化作爲前車之鑑時，特別強調香港未能固守其作爲重要支柱產業的製造業，任其外移廣東而造成「空洞化」，其金融、航運業等，復爲中國大陸取代，終致經濟一蹶不振，胥賴大陸觀光客加以扶持。

這樣的解讀固然引人入勝，卻恐誤導讀者。深入觀察香港經濟，應知其所謂製造業，根本是加工層次極淺，介於服務業與製造業之間的一種特殊形態，並無與台、韓類似的深厚根基，技術亦無特出之處。因此一旦面臨廉價勞動競爭，立刻就會落入他手，一如台灣的加工出口業。據此而論產業空洞化，應失之誇大。而且「空洞化」一詞，在學術界並不肯定，挾爲前車之鑑的重大缺失，並不妥當。由於香港在二次戰後的繁華，本就是從舊上海借來的時間，九七回歸之後，物歸原主，也是理所當然；因而以此經驗推及他國，也必須愼加斟酌。作者爲鼓勵國人，不斷以南韓作爲我們有爲者亦若是的典範，也犯了類似的偏差；再過些時日，南韓經濟又步上坎坷之途時，作者將不知如何自圓其說。

書中最重要的論述，應在於兩岸以及中國大陸的角色。將兩岸開放做爲打破今日

鎖國困境的關鍵之舉，已成國人共識；但在五年前作者撰書時，卻不敢振臂直書，甚至不敢直言要加強兩岸往來，開放三通直航；單就此言，已落後今天的走勢一大步，也正因爲如此拘泥保守，所以儘管對中國大陸發展歷程、優劣條件陳述其詳，也對台商當時之處境及其重要地位多所論述；然而對於五二〇之後兩岸開放包機直航、取消投資四〇%上限乃至雙方互動更爲頻仍的情況下，台灣與台灣人民要如何利用大陸做爲快速發展之憑藉，大陸的各個地區與產業應如何攻略開發等，則完全未見著墨，此對看來，實爲最大的缺口。

至於中國大陸較爲深層的問題，諸如農村凋敝、沿海地區低工資優勢盡失、整體經濟布局僵化偏離、產業根扎未深即驅趕加工出口業外移等，幾乎都未觸及，甚至還附和引導出口業外移的早熟思惟。凡此種種，或許都要歸因於撰寫此書時的政治環境與時空背景，以及作者身爲事務官謹守分際所致。

不過，時移勢易，開放已成今天的主旋律，在開放的大纛下爲台灣經濟指引方向乃是識者的天職，更是執掌最高經濟決策者的責任。此舊作此時再版，正是作者整理其四年來的新思惟揚帆再發的時刻，但千萬不要留戀舊日的風景。

（本文作者爲經濟日報總主筆）

自序

上中學的時候，父親所服務的國營事業一度傳出將被關門、員工要被遣散的消息，一家七口頓時陷入愁雲慘霧之中。面對生計無著的未來，那種恐懼、無助的心情，牢牢烙印在我心靈深處。

近幾年來，失業率一路走高，社會上因爲失業而發生的悲劇一樁接著一樁，一次又一次觸動我那塵封已久，藏在心靈深處的痛苦，我開始思索著：到底我能做些什麼？

去年農曆春節，陪同家人前往佛光山。面對如來佛，在祈願卡上打算寫下國泰民安，還沒寫完第一個字，淚水就已經奪眶而出，當下決定要寫下這本書。

本書最主要的目的是要讓國人瞭解台灣目前在經貿方面所面臨的威脅和挑戰，希望國人能夠不分彼此，眞心團結在一起，共同爲這片土地的未來努力。

目前台灣最流行的口號之一是「拚經濟」，要拚經濟，就要把經濟擺在最前頭；要拚經濟，就不能把其他非經濟因素摻雜在裡面。近日台灣高鐵公司第一輛營運列車在日本川崎重工兵庫車廠出廠，日方在典禮上懸掛中華民國國旗，演奏中華民國國

歌，讓台灣代表深爲感動，顯示出經濟的考量是高於政治的。

猶記得十二年前帶團前往瑞士日內瓦GATT總部訪問，利用週末前往著名的滑雪勝地鐵力士山遊覽時，只見登山纜車到處懸掛著中華民國國旗，甚至山腳下的披薩店也插著我們的國旗；原因無他，台灣的經濟奇蹟在這中立國家展現出她雄厚的消費能力。

有了經濟實力，政治力量自然跟著來，這是拚經濟時應該堅守的原則。

要拚經濟，還要有開闊的格局、前瞻性的願景，不能被眼前一些短暫的榮景所迷惑。同爲亞洲四小龍之一的新加坡對外在環境的變化最爲敏感，新加坡政府爲了因應變局，在二〇〇一年十二月成立了經濟評估委員會（ERC），由李顯龍副總理擔任主席，並在二〇〇三年二月提出報告，爲新加坡未來十五年的經濟發展勾勒出完整的藍圖。另外，去年吳作棟總理也特別表示，希望新加坡政府官員在美國之外，能把中國作爲主要的留學國家，其用意應是在讓政府官員能對中國大陸有較爲深入的瞭解，並且建立良好的人脈關係，等到一、二十年之後，這些官員成爲政府的決策骨幹，就可以掌握中國大陸發展的機會。

台灣今天所面對的問題不僅是在當前的政治情勢下，難以像新加坡一樣作深謀遠慮的擘劃，還缺乏貫徹到底的執行力，而且似乎失去了在經濟上追求卓越的動力，經濟指標每出現表現欠佳，就拿更差的國家來證明自己的表現還不錯。

二十多年前，南韓的經濟、產業實力還落後於台灣，兩個國家彼此觀摩、互相競賽。慢慢的，南韓從後趕上，開始不歡迎台灣前往訪問南韓尖端的設施、科技和工廠，爲此還有一位政務委員在行政院會議上特別提出此種雙向交流變質爲單向交流的問題，要求政府各部門注意。到了九〇年代，南韓在產業發展上快速超前台灣，在南韓政府內部的報告上甚至指出台灣已經不是其競爭對手，今天南韓的目標是在拚世界第一。

旺盛的企圖心可以讓人上進，也可以讓一個國家進步。不服輸的個性讓南韓創造「漢江奇蹟」，也正引領南韓奪取世界第一的桂冠。台灣現在最要緊的事情之一是找回當年創造經濟奇蹟的拚勁，再朝超越巔峰的目標邁進——這就是本書希望達成的心願。

本書內容分爲九章，主要在指出台灣所遭遇的內憂外患，在此環境下，特別呼籲台灣要珍惜產業的活力，進行社會改造，推動新的經濟發展策略。

所謂內憂，是指台灣經濟的體質在結構上已經發生變化，從經濟成長率、失業

率、所得分配差距、民間投資、新設立公司與工廠、政府投資、出口表現、對中小企業的支持等多方面都可以看出台灣在走下坡。

所謂外患又可分爲三方面，一個是全球經貿架構正在重新調整，世貿組織推動新回合談判、區域經貿整合與雙邊自由貿易協定掀起新的熱潮，都將驅動世界經貿局勢變化莫測。其次是全球經貿競爭進入白熱化，各國推動自由化、新科技不斷突破、產業結構和企業結構解體，以上三股力量促使開發中國家整合到全球經貿體系、開發中國家加入全球創新的行列、跨國企業加深對全球化的布局，此時的企業將像攜帶帳棚的旅者，哪裡有機會，就往哪裡跑。處在紛亂動盪的變局。到處都可以看到「不連續」的影子，今天成功的國家或企業，明天可能就垮了。

在前面兩個外患之下，台灣面對的最重要的兩個威脅，一個是非勝即敗的競爭，另一個則是被國際經貿區塊邊緣化。

台灣的第三個外患是來自中國大陸的衝擊。中國大陸的發展機會讓台灣不能不去掌握，機會的另一面則是中國大陸對台灣的磁吸作用、競爭取代作用，以及讓台灣被國際邊緣化的主要黑手，台灣在亞洲方面將面對由東北亞、中國大陸、東南亞至南亞形成一道經貿城牆，而獨獨台灣被排除在外的威脅。

面對這麼多重大的威脅和挑戰，台灣必須推動另一波新的改革，從整體的大環境去改造，目的在塑造一個對企業和產業發展友善的環境。在此安定、友善的基礎上，再用自由化、全球化和高值化去打造台灣成爲東亞企業營運平台，讓企業可以在此平台上進行高附加價值製造、創新研發、轉運物流、高科技集資、金融附加價值服務、創業投資等功能活動，創造出高附加價值。

書名採用「轉捩時刻」，用意在強調台灣所能推動新的經濟發展策略的時間相當有限，內憂和外患預期在五年之內都將變本加厲，啓動變革至看到初步成效，又非有四、五年以上的時間不可。以日本而言，經濟泡沫破滅後迄今十餘年的時間，日本政府採取一波又一波的政策措施，仍未能看到重大成效；東南亞金融風暴至今將近七年，受創的國家大多還在復原當中，足見改革需要時間，不幸的是，時間並不站在台灣這一邊。

動筆寫這本書，基本上受到幾個限制、第一個限制是時間不夠。平常公務已經夠忙，還要兼顧週末的教職，留給自己搜集資料、思考、分析、動筆的時間相當少。

第二個限制是和現在的職務有關。服務公職二十五年來，文官的生涯已經訓練我必須尊重行政倫理，不可以公開批評長官、不可以批評政府、不可以批評政府相關機關，文官所養成的紀律讓我在提筆寫書時必須緊守一定的分際，必須一再思考如何切入所要談論的主題，如何遣辭用字才不會引起不必要的爭議。

第三個限制是個人能力問題。寫文章本就非我所長，自研究所寫完論文、畢業後就未曾一口氣寫下這麼多的文字。思考容易，提起筆來才知那枝筆是多麼地沉重，也才體會出眼高手低的滋味。一心只想把滿腹的話說出來，文章的流暢也就難以顧及；即使已經從頭到尾改了兩次，還是越看越不滿意。

說了那麼多限制，無非是要替自己找個台階，慶幸的是，書終於完成了。雖然本書在付梓之際，惹了一些閒言閒語，我只能說，那些人根本不瞭解我的個性和爲人。讀書人以經濟自期，毀譽褒貶，只能一任世情。

書要出版了，特別感謝提供資料給我，以及在背後幫我打氣的朋友。另外要感謝的是商周，我和何飛鵬先生是初次見面，他一聽到我有寫書的願望，就立刻帶著同仁前來看我，希望能助我一臂之力，眞是盛情感人。總編輯陳絜吾和編輯辜雅穗，沒有他們的協助，這本書是難以問世的。

台灣經濟 轉捩時刻

目錄

第一章

轉捩時刻

斷層無聲

第二次世界大戰結束，日本很快從廢墟中站起，在全球經貿戰場上展現她另一種強大的競爭力，音響產品、電視機、錄放影機、照相機、半導體零組件、汽車、機器人、傳眞機，還有許許多多的產品，在國際市場幾乎可以用「橫掃千軍」來形容她攻城掠地的氣勢。日本式管理、日本的產業政策都成爲被研究的熱門題目，一九七九年哈佛大學教授傅高義（Ezra F. Vogel）還出版了一本《日本第一》。

可是就在一九八六年日本出口占全球出口總額的比重達到一〇%的頂峰後，此項比重就持續下滑，到目前只剩下約六・五%；日本這個全球第二大經濟體、第三大出口國在九〇年代陷入泡沫經濟後長期不振的泥淖，到今天都還未能脫困而出。

亞洲四小龍和東南亞主要國家在截至九〇年代上半所展現的經濟活力，讓趨勢專家奈思比（John Naisbitt）在一九九五年所出版的《亞洲大趨勢》中主張「西方退位，東方勢力再起」將是亞洲八大趨勢之一，認爲世界軸心已經從西方往東方移動。一九九六年日本三和綜合研究所發表的《一九九六年的日本與世界經濟的焦點》也預測亞洲經濟圈今後仍將持續扮演世界成長中心的角色，新興工業經濟體發展超越成長

表1-1　1992-2002年出口金額年平均成長率（CGR）

單位：%

	1992-1997	1997-2002	1992-2002
一、全球	8.2	3.0	5.5
二、前兩大國			
美國	9.0	0.1	4.5
日本	4.4	-0.2	2.1
三、亞洲四小龍			
中華民國	8.5	1.8	5.1
南韓	12.2	3.6	7.8
新加坡	14.5	0.0	7.0
香港	9.5	1.3	5.3
四、東南亞			
泰國	12.1	3.7	7.8
菲律賓	20.6	7.8	14.0
馬來西亞	14.1	3.4	8.6
印尼	9.5	1.3	5.3
五、開發中			
中國大陸	16.6	12.2	14.4
印度	12.3	7.1	9.6

註1.：1997年亞洲爆發金融危機，美國2000年進入「新經濟」尾聲。

註2：10年期間日本陷於不振，中國大陸和印度都維持亮麗的成長，台灣的表現相對較差。

資料來源：整理自WTO: International trade statistics 2003

極限論。

可是，一九九七年從泰國開始，接著菲律賓、新加坡、馬來西亞、印尼、香港、南韓，陸續發生金融危機，甚至九八年俄羅斯、九九年拉丁美洲也跟著掉進金融風暴。

由於新興市場接連出狀況，一九九七年二月八日美國《商業周刊》的封面故事以「大西洋世紀」作主題，宣示美國和歐洲再度成爲世界經濟成長的雙驅動力量，藉著科技突破和創新、歐元啓動、自由化措施，兩個世界最大、最富有的市場彼此之間進行技術移轉、管理知識交流、金融互動，大西洋兩岸再度主宰世界經濟發展。

短短三、四年到今天，整個世界經濟的焦點卻是放在號稱「世界工廠」的中國大陸。

不只國家有如此劇烈的變動，產業界也是一樣。

拿一九九八年和二〇〇二年全球排名前十大的電子公司作個比較（表1-2），四年之間就發生了許多重大的變動，包括：

- 排名第九的康柏電腦（Compaq）和排名第三的惠普（HP）在二〇〇二年五月合併。

表1-2　全球排名前十大電子公司

單位：億美元

1998 年			2002 年			
排名	公　司	營業額[a]	排名	公　司	營業額[a]	1998-2002年平均成長率(%)
1	IBM	817	1	IBM	812	-0.2
2	松下 (Matsushita)	593	2	惠普[b]	631	-2.3
3	惠普	472	3	松下	589	-0.2
4	富士通 (Fujitsu)	375	4	西門子	462	9.2
5	NEC	369	5	NEC	392	1.5
6	Sony	332	6	富士通	376	0.1
7	西門子 (Siemens)	325	7	Sony	365	2.4
8	東芝 (Toshiba)	312	8	戴爾(19)[d]	354	18.1
9	康柏	312	9	東芝	345	2.5
10	朗訊(35)[c]	306	10	三星(23)[d]	339	19.5

a：營業額只計算電子產品部分

b：2002年5月HP合併Compaq，年平均成長率以1998-2001年計。

c：2002年排名，1998-2002年平均成長率為-23.2％

d：1998年排名

資料來源：整理自Electronic Business, EB 300: The Rankings

- 排名第十的朗訊（Lucent Technologies）掉到第三十五名，被擠出了十大之外。
- 原本排名第十九的戴爾電腦（Dell）以營業額年平均成長率一八%的速度往前推進至第八名。
- 原來排名第二十三的韓國三星電子（Samsung）則以營業額年平均成長率一九%推進至第十名。

爲什麼在短短時間之內，不分國家或是企業，會有這麼多意想不到的重大轉折？答案很簡單，今天是充滿不連續（discontinuity）的時代，而且在這不連續的時代，很多國家和企業又都得了策略性痲痺症，逐漸陷入斷層的危機而不自知。

不連續的時代

今天，不連續的現象到處可見。

研究科技發展的人都知道，在同一時間會有不同技術彼此作激烈的競爭。這些技術都處在不同的發展階段，其中有少數幾項，甚至只有一項技術能居於主導地位，其餘多數技術頂多只能應用在特殊或所謂的利基領域。例如顯示器技術就有映像管、發光二極體顯示器、液晶顯示器、電漿顯示器。當某一較新的技術在性能指標超越當時的主導技術時，不管是在技術還是產業方面都會在短期內產生新舊快速交替的不連續現象，而且由於不同技術之間的關聯性不高，通常新的領導企業會取代原有的領導者。

技術不連續的情形俯拾皆是，例如電晶體取代眞空管，積體電路又取代電晶體；同樣的，現在平面顯示器正在快速取代映像管。在產業交替的過程中，我們可以看到，產業領導者大多換了企業，例如今天台灣平面顯示器的廠商就只有一家同時是映像管的業者；又如在新興液晶電視市場，加入了戴爾、惠普等IT大廠。隨著科技快速發展，新技術不斷發明，技術不連續出現的頻率會更高過往昔。

在產業方面，不連續的情形也是屢見不鮮。英特爾總裁葛洛夫（Andrew S. Grove）在他所著《十倍速時代》（Only the Paranoid Survive）一書中以英特爾公司付出四億七千五百萬美元代價的經驗爲例，來說明產業快速、劇烈變動的狀況。葛洛夫解釋企業會受到現有的競爭者、供應商、顧客、潛在競爭者、協力業者以及屬於其他產業、但是其產品或服務對本產業具取代性的業者等六種力量的影響，只要此六種

力量之中的任一股力量發生巨幅改變，都會對企業環境造成十倍速的變化。當然，除了葛洛夫所提出的六種力量，政府的政策、管制措施，以及戰爭、天災等因素也都可能對企業環境造成重大影響。

在十倍速變化的威脅下，企業經營的既有環境會停止朝既定的趨勢演進，新的環境會取而代之，朝向另一個不同的方向加速發展；換言之，舊的產業結構、經營方法、競爭方式會被新的所取代，新、舊交替間隨之產生不連續現象。處在不連續的變局中，企業在經營上必須展現新的策略轉折，以因應新的挑戰；如果無法順利通過轉折點，企業就會一路下滑。

在十倍速大洪流的考驗下，很多大公司在短時間內不見了，同時又出現了一些新的面孔。比較一九九八年和二〇〇二年全球前十大電子公司營業額的成長狀況，可以預期在不久的將來，名單裏的許多企業會被新的生力軍所取代。

技術、產業會有不連續的現象，國家也是如此。過去一、二十年裡，我們可以看到一些國家大起大落，包括日本、東南亞、拉丁美洲等。主要的原因是在經濟高度成長的階段常會產生一些新的問題，例如過度投資、通貨膨脹、企業負債比率偏高，這些問題在一片樂觀氣氛的帶動下被掩蓋了，未能及時、有效地解決；而在國家的經濟

競爭力或發展能量逐漸往下滑落時，往往又需要一段較長的時間才會被察覺，不幸的是，等到發現時，又是爲時已晚，長期走下坡所累積的負面能量，使經濟發展若要在短時間之內出現正向轉折，就必須付出事倍功半的代價，甚至是無力挽回。

面對不連續的時代，難道我們只能束手無策？其實不連續現象的發生是有跡可循的，可以找到若干訊息，怕的是國家或企業得了策略性麻痺症。

策略性痲痺症

策略性痲痺症的第一個原因是沈溺在當前成功的果實，以爲這個果實明天會繼續存在，忽略了這個果實是過去努力的成果，而明天的果實要靠今天的奮鬥。也忘掉了要繼續以往的戒愼恐懼、辛勤不懈，反而是日復一日地猛吃老本。

第二個原因是陶醉在過去成功的經驗，以爲用同樣的經驗、相同的模式來應付明天新的環境、新的挑戰綽綽有餘，卻不知道那一招半式已經過時、被淘汰，現在必須要建構新的發展模式、營運模式，以及競爭優勢來因應新的競爭局勢，例如善於降低成本的核心能力面對以創新爲主軸的競爭可能就失去了價值。

第三個原因是誤判情勢，許多具領先意義的內在、外在警訊被其他類似夕陽餘暉的落後指標所遮蓋，讓大家以爲明天仍是一片大好；或者是基層、第一線所得到的訊息無法及時、正確地傳遞到決策者，甚至在訊息往上傳遞的過程中，爲了迎合上級的利益、喜好而被選擇性地過濾、扭曲。

第四個原因是經濟發展雖然是國家發展的一部分，但是經濟要進行重大改造，政治、勞工、教育、財政、金融、交通、文化、土地各個相關部門都必須作大幅度變革，面對這些重大的工程，政府卻束手無策，無力進行整體的改造。即使是企業，要進行企業變革，都可能涉及組織、人力、市場、技術、文化等課題，可以說是牽一髮則動全身。

最後，也是最令人擔心的原因是失去追求卓越、成長的動力，相關決策者或管理者將本位立場擺在危機的前頭，每每以表現較差的對手爲例來撫慰內部惶惶不安的心，因而貽誤旋乾轉坤的關鍵時間點，終而步入萬劫不復的田地。

轉捩時刻

台灣是在一九八七年最後一次出現兩位數的經濟成長率，那一年的成長率是一二・七%。此後即以八%、七%、六%、五%的腳步往下滑落，到了二〇〇一年終於創下五十多年來首見的負成長二・二%（圖1-1）；當年的出口金額年增率爲負一七%，也是創下歷史新低。

當經濟成長率從兩位數掉到一位數，很多學者的解釋是台灣這個經濟體的規模已經發展到相當程度，以後不可能再維持兩位數的高度成長。而在經濟成長率以個位數持續往下掉時，照樣的，學者又告訴社會大衆，比起其他經濟不振的國家，台灣的經濟還是相當不錯的。

於是，台灣全體上下都很安心的看著經濟成長率一步一步地走下坡。

台灣的失業率在一九九五年以前還維持在二%以下，二〇〇〇年跳升到三%。隔年升爲四・六%，二〇〇二年又竄升到五・二%。

至於失業的原因，以往多半是因爲對原有工作不滿意而自願離開，現今因爲工作場所歇業或者是業務緊縮而被迫離開的卻佔了六至七成的比例，失業成因產生結構性

圖1-1　台灣經濟（GDP）成長率與失業率趨勢

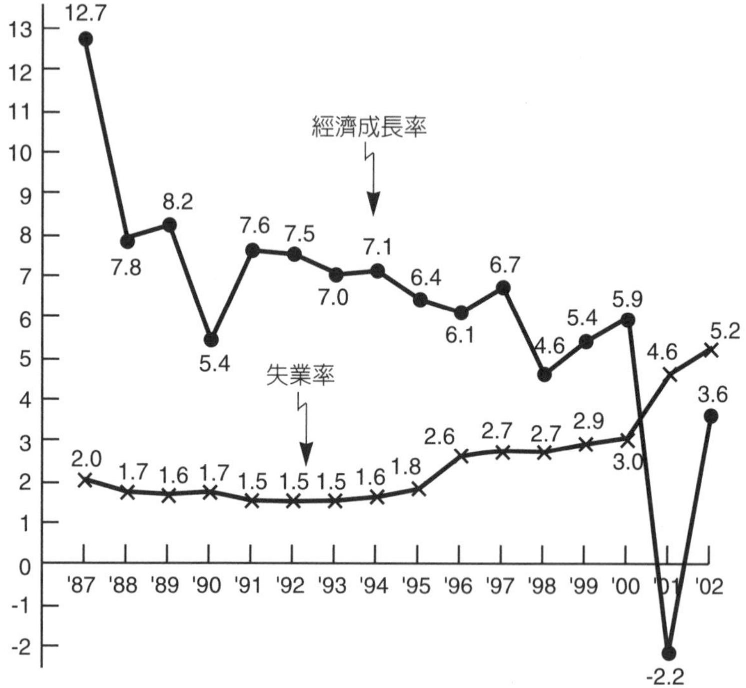

資料來源：行政院經建會，Taiwan Statistical Data Book 2003

轉變。

毫不意外的，又有專家說，已開發國家的失業率都比較高，台灣往後必須適應高失業率的日子。

因此，高失業率順理成章地加入人們生活的行列。

美國是全世界最大進口市場，約占全球進口總額的二〇％。在此全球最大、也是台灣最重要的出口市場，台灣占美國進口比重一九九八年爲三・六三％，到二〇〇二年降成二・七七％。（圖1-2）

當台灣出口產品在美國市場占有率節節下降時，也有學者說，那是致力於分散出口市場有成最具體的證明；進一步來看，中國大陸出口到美國的產品中，還不是有一大部分是台商所製造。

於是，台灣又漸漸放心流失美國這一全世界最重要的市場。

類似的情形還有許多，例如：

● 所得分配的差距擴大，而且是貧者越貧。將台灣地區家庭依照每戶所得高低分爲五等分，最高所得組和最低所得組的倍數在一九九九年是五・五〇，到了二〇〇二年升高爲六・一六。另外，最低所得組平均每戶可支配所得從一九九九

圖1-2　台灣在美國／日本進口市場占有率

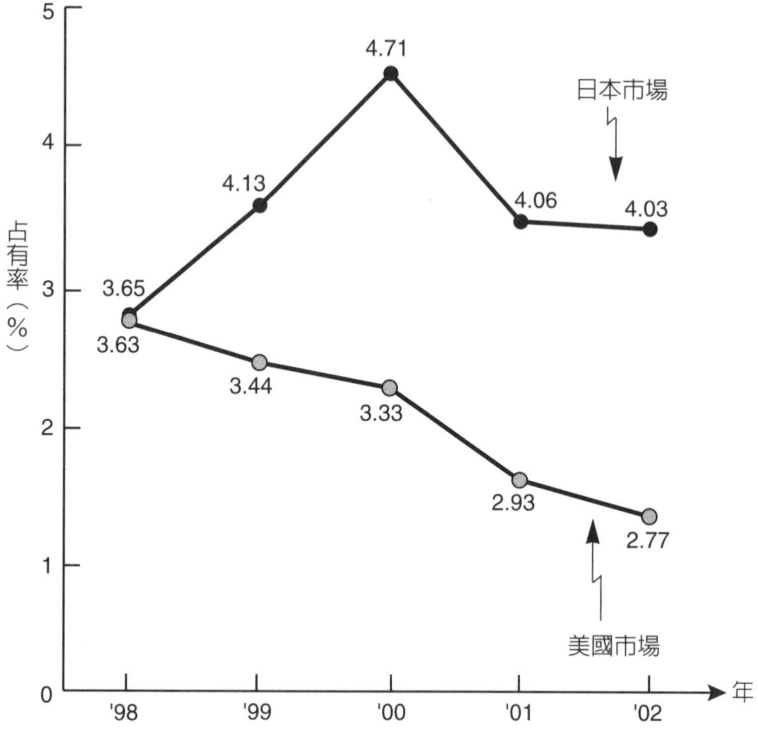

資料來源：經濟部統計處

年約三十一萬七千元逐年減至二〇〇一年的二十七萬九千元，雖然二〇〇一年稍有回升，仍比一九九五年的二十九萬六千元還低。此種貧者越貧現象在過去約四十年只有在一九九八年發生過第一次，但一九九九年立即恢復成長。（表1-3）

- 民間投資方面，一九九四年至二〇〇〇年間，除了一九九六與九九年之外，民間投資年增率都維持在兩位數字的高成長，到了二〇〇一年大跌到負成長二九%，二〇〇二年也只有二%的微幅成長。
- 新設立工廠方面，一九八八年以前，每年新登記的工廠家數都在一萬家以上，八九至九五年間減至七千家的規模，九六至二〇〇〇年間又降到六千家的水準，二〇〇一年至二〇〇二年又進一步減到四千家，只剩一九八八年以前的四成左右。

  在新設立公司方面也有同樣的狀況，一九九二年新設立公司達到將近五萬七千家，九六年減爲近四萬四千家，九八年又減爲三萬七千家，到二〇〇一年進一步減到三萬九千九百家。
- 外國人前來投資方面，二〇〇〇年由於電信開放固網業務，因而達到將近七十

表1-3　平均每戶可支配所得降低，差距拉大

單位：新台幣元

年別	總平均	可支配所得按戶數五等分位組				
		1（最低組）	2	3	4	5（最高組）
1997	863,427	312,458	557,429	753,919	1,003,815	1,689,517
1998	873,175	310,865 (*)	560,766	765,375	1,014,770	1,714,097
1999	889,053	317,001	573,853	778,496	1,031,669	1,744,245
2000	891,445	315,172 (*)	571,355 (*)	778,556	1,043,508	1,748,633
2001	868,651 (*)	279,404 (*)	524,766 (*)	740,054 (*)	1,013,478 (*)	1,785,550
2002	875,919	292,113	538,584	743,888	1,005,274 (*)	1,799,733

(*)：平均所得較前一年低

註：2002年總平均降回1998年、最低組降回1994年、第2組降回1996年、第3組降回1996年、第4組降回1997年水準，只有最高組一路走高。

資料來源：行政院主計處

六億美元的頂峰，接下來二〇〇一年減為五十一億美元，負成長三三％；隔年更減至三十二億美元，負成長三六％，也是呈現下滑走勢。

- 對於中小企業的支持方面，中小企業最大的問題是債信能力不足，無法從銀行借到資金。在二〇〇〇年底，一般銀行對中小企業的放款餘額是三兆四千五百億元，占放款總餘額二五．九％；到了二〇〇三年九月底，中小企業放款餘額只剩下二兆七千八百億元，短少了將近七千億元，占放款總餘額降為二〇．一八％。
- 政府投資方面情形也很嚴重，一九九九年各級政府收支短絀只有四百五十億元，二〇〇〇年起擴增到短絀三千億元以上；各級政府債務餘額從一九九八年的二兆一千六百億元，占國民生產毛額（GNP）的二四．二％，至二〇〇二年升至三兆二千九百億元，占GNP的三二．九％。由於財政困難，政府固定投資呈現大幅緊縮，二〇〇〇年進入負成長五．六％，至二〇〇二年更達負成長一〇．四％。

綜合以上，可以知道台灣的經濟體質已經呈現虛弱化，而如果將台灣目前的經濟發展狀況和未來面對的外在環境作個盤點，我們可以瞭解，台灣已經走到必須進行重

大變革、推動脫胎換骨工程的轉捩時刻。

在外在環境方面，台灣面臨了三個關鍵、立即的挑戰。

- 全球經貿框架正在快速進行重整，新的市場、投資機會與威脅同時作極速地位移，要有全新的策略布局才能趨吉避凶。
- 全球經貿競爭激烈的程度倍於往昔，台灣現有的能量與發展模式無法因應新的競爭環境。
- 中國大陸對台灣經貿發展的直接、間接影響力會呈倍速提升，台灣將面臨空洞化和被角落化的威脅。

第二章

全球經貿架構重新調整

WTO多邊架構

全球經貿關係錯綜複雜，如果予以簡化，按照參與簽約的會員體數目分類，大致上可以分爲多邊、區域（或複邊）、雙邊三大類型。（圖2-1）

多邊架構當然是以規範全球經貿秩序的世界貿易組織（WTO）爲代表，而它的源頭則是以推動全球經貿自由化爲目標的世界關稅暨貿易總協定（GATT）。

GATT於一九四七年誕生後，加入簽約的成員數目不斷增加，但是快速增加的階段應該是在九〇年代，從八九年到二〇〇〇年就增加了五十個會員，使會員總數達到一百四十四個。二〇〇三年九月在墨西哥坎昆舉行的第五次WTO部長會議又通過了柬埔寨、尼泊爾兩個會員，進一步使總數達到一百四十八個。（圖2-2）

在WTO一百四十八個會員當中，組成結構包括了一百多個開發中經濟體，三十多個低度發展國家，換句話說，高、中、低度發展國家都一起加入了推動經貿自由化的行列。

GATT強調的主要精神包括普遍最惠國待遇（各締約國給予其他締約國之利益、優惠、特權等，應無條件給予「一切」其他締約國）、國民待遇（任一締約國對

圖2-1　全球經貿架構

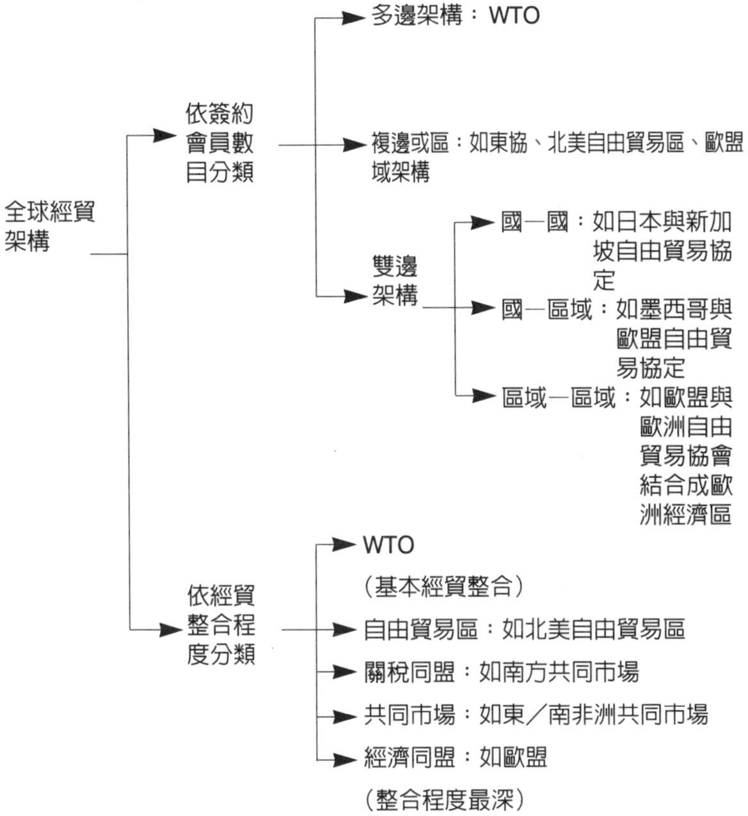
全球經貿架構
依簽約會員數目分類
多邊架構：WTO
複邊或區域架構：如東協、北美自由貿易區、歐盟
雙邊架構
國—國：如日本與新加坡自由貿易協定
國—區域：如墨西哥與歐盟自由貿易協定
區域—區域：如歐盟與歐洲自由貿易協會結合成歐洲經濟區
依經貿整合程度分類
WTO
（基本經貿整合）
自由貿易區：如北美自由貿易區
關稅同盟：如南方共同市場
共同市場：如東／南非洲共同市場
經濟同盟：如歐盟
（整合程度最深）

圖2-2　GATT/WTO會員數快速增加

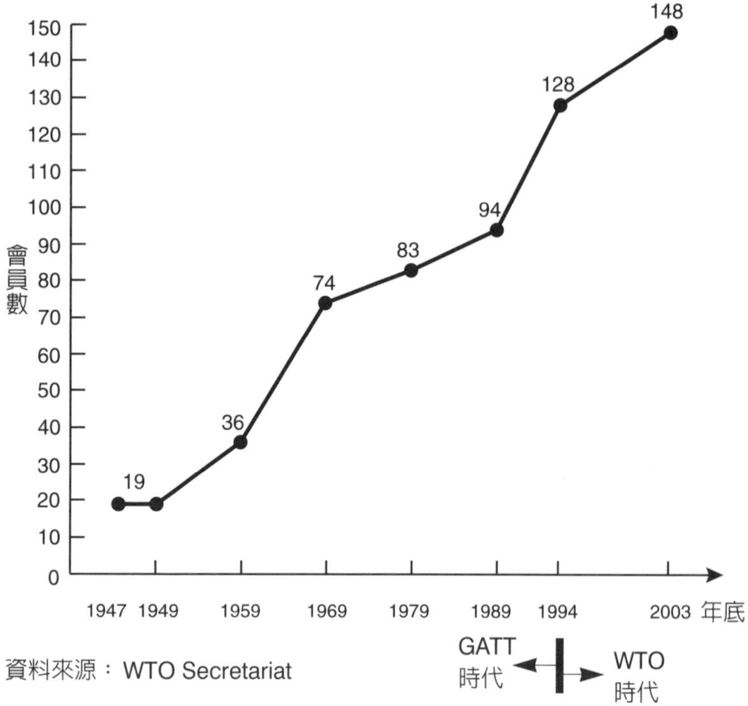

資料來源：WTO Secretariat

進口產品之待遇不得低於其對本國產品之待遇）、公平競爭、透明化原則。在成長的過程中，GATT不只是加入的會員數持續增加，經貿自由化的廣度和深度也都不斷在加強。早期GATT推動自由化的主軸是以關稅相關議題作爲核心，其後藉著一回合接一回合的談判，新的議題不斷加入，例如非關稅措施、服務業、農業、紡織、智慧財產權、爭端解決等都納入談判的

表2-1 GATT/WTO談判題不斷擴增、翻新

談判	1947, 1949, 1951, 1956, 1960-1961 五次談判	1964-1967 甘迺迪回合談判	1973-1979 東京回合談判	1986-1994 烏拉圭回合談判	2001-杜哈回合談判
主題	●關稅	●關稅 ●反傾銷	●關稅 ●非關稅措施 ●「架構」協定	●關稅 ●非關稅措施 ●服務業 ●智財權 ●貿易規則 ●爭端解決 ●紡識 ●農業 ●創設WTO	●農業 ●非農產品市場進入 ●服務業 ●智財權 ●貿易規則 ●爭端解決 ●貿易與環境 ●貿易與發展

資料來源：WTO Secretariat

議題，使經貿自由化的範疇逐漸由點擴散到面的層次。

另外，依據GATT烏拉圭回合談判的結果，在一九九五年成立了WTO取代GATT，WTO主要任務包括解決會員之間的爭端、進行新回合談判、落實各會員加入時的承諾、監督各會員確實遵守WTO各項規定。推動全球經貿自由化的工作自此由條約形式轉為機構形式，有了實體的組織和法律架構，自由化的推動更能產生具體的成效。（表2-1）

GATT和WTO在推動全球經貿自由化確實累積了相當多重大的成果，許多國家也同時藉著加入WTO／GATT而對其國內經貿體制作徹底的體檢和進行經貿再造工程。

但是隨著處於不同發展階段的會員數量不斷增加，加上自由化範圍不斷擴大，各會員體各有不同經濟利益立場，有的會員在農業部門很強，另有的會員則是在製造或是服務業部門競爭力很強，彼此缺乏共識或是利益交集的現象越來越普偏，WTO推動自由化的工作遭受的阻力也越來越大。

一九九九年在美國西雅圖舉行的第三次WTO貿易部長會議原計劃要啓動新一回合談判，終因反全球化團體的抗議浪潮而功敗垂成，延至二〇〇一年十一月在卡達杜哈的第四次部長會議才正式宣布進行第四回合談判，預定二〇〇五年一月一日以前完成；反全球化團體抗議的主要訴求是全球化造成環境破壞，貧國和富國差距擴大，失業率提高，只有強國得到好處等。

但是在二〇〇三年九月墨西哥坎昆第五次部長會議原要針對杜哈回合談判過程進行期中盤點等重要工作，卻又爆發韓國農民在現場自殺、反全球化團體抗議事件，再加上發展中國家、低度開發國家與美國、歐盟等先進國家在農業、投資等課題形成對抗局面。發展中國家要求歐盟、美國、日本等先進國家要取消農業出口補貼、撤除農產品障礙和國內支持；先進國家則要求進行談判有關投資自由化、競爭自由化、政府採購透明化、貿易便捷化等議題，彼此僵持不下，終使坎昆會議宣告失敗。坎昆部長會議失敗之後至二〇〇三年底的期間，新回合談判的工作可說是毫無進展，許多會員對於要在二〇〇五年一月前如期完成談判的目標已不抱持希望。在此一片悲觀的氣氛下，既然於多邊架構全面性推動自由化的工作受阻，一般預料區域經濟整合會加速進行，而且將會扮演更重要角色。

區域經貿整合

實際上在GATT和WTO追求在多邊架構下全球參與推動經貿自由化的時候，許多國家基於不同的利益考量也同時在進行多元化策略聯盟，包括大型區域經貿整合及雙邊自由貿易協定（FTA）。

大型區域經貿整合有不同的整合程度，依照整合程度，由淺而深大體上可以分爲自由貿易區、關稅同盟、共同市場、經濟同盟幾類型態，但是不管是哪一類型，最基本的特性是區域內各會員體之間相互免除關稅、進口配額等措施以促進貨物自由流通。

另外在參與整合的國家數量方面也有不同，少者如北美自由貿易區有三個國家，

表2-2　不同之區域經貿整合

類型	自由貿易區	關稅同盟	共同市場	經濟同盟
定義	會員體消除彼此間之關稅及非關稅貿易障礙，但各會員體仍各自保有對外之關稅及貿易政策	會員體除允許貨物自由流通並採取共同之對外關稅及貿易政策	會員體除允許貨物自由流通及採取共同之對外關稅及貿易政策，並允許其他生產要素（人員、資金、勞務、商品）之自由流動	會員體除達到共同市場之各項要素全面自由流通外，並制訂共同之經濟政策及貨幣政策

資料來源：經濟部國際貿易局

多者如歐盟達到十五個成員。

在地理分佈方面，目前美洲地區區域經貿整合區塊有北美自由貿易區（NAFTA）、中美洲共同市場（CACM）、南方共同市場（MERCOSUR）、加勒比海共同市場（CARICOM）、安第諾共同體（Andean Community）等，其中又以美國、加拿大、墨西哥三國在一九九四年所成立的北美自由貿易區受到較大的關注。

北美自由貿易區二〇〇一年的國內生產毛額（GDP）約達十一兆七千億美元，貿易總額達到二兆七千億美元，占全球貿易總值約二三%。藉著此一自由貿易協定，墨西哥產品在美國進口市場的占有率從一九九四年的七・四六%提高到二〇〇二年的一一・五八%，取代日本成為僅次於加拿大的美國第二大進口國。除了貿易效果外，墨西哥也吸引了龐大的外資，一九九〇年墨西哥的外國直接投資只有二十六億美元，簽了自由貿易協定後，一九九五年就跳升到九十六億美元；沿著美、墨邊界就設置了無數外來的保稅加工出口工廠（maquiladora），將產品產銷到北美地區，爲墨西哥創造可觀的就業機會。

在推動區域經貿整合方面，美洲相對有較多元化、豐富的經驗，各區塊之間又持續進行合縱連橫的工程，例如安第諾共同體目標在二〇〇三年底與南方共同市場簽署自由貿易協定，預計在十年之內建立一個包括十個國家、三億五千萬人口、生產毛額達到一兆美元的自由貿易區。

另外，最引人注目的是美洲各國也推動在二〇〇五年組成北自阿拉斯加、南迄阿根廷，會員達到三十四個國家（古巴除外）的「美洲自由貿易區」（FTAA），形成全球最大的經貿整合區塊。

歐洲方面，目前主要有由法國等十五個國家組成的歐盟（EU），以及由冰島等四國組成的「歐洲自由貿易協會」（EFTA），二者並在一九九四年組成「歐洲經濟區」（EEA），但是屬於「歐洲自由貿易協會」成員的瑞士並未加入。

歐盟十五國二〇〇一年的GDP達到七兆九千億美元左右，規模比北美自由貿易區小，但是貿易總額達到約四兆六千多億美元，占全球貿易總額三九%，卻遠高於北美自由貿易區。

歐盟在二〇〇二年元月發行「歐元」完成貨幣整合之後，正朝著東擴中、東歐的方向邁進，預定二〇〇四年加入匈牙利等十個國家，二〇〇七年加入羅馬尼亞、保加利亞，將來甚至還要納入土耳其。

和歐洲、美洲相比較，亞洲在區域經貿整合的活動就顯得比較沈寂，目前僅以東南亞國協（ASEAN，簡稱東協）爲主。東協十國在二〇〇二年組成「東協自由貿易區（AFTA）」，其中印尼、菲律賓、新加坡、馬來西亞、泰國、汶萊六個創始會員國將於二〇一〇年前完成貿易自由化，寮國、緬甸、柬埔寨、越南四個新會員國則遲至二〇一五年才達成自由化。

東協十國GDP只有七千三百億美元，貿易總額也只有七千多億美元，和北美自由貿易區、歐盟都不能相比。

但是在二〇〇一年的「東協加三」（中國大陸、南韓、日本）高峰會議，宣佈了東協和中國大陸將在十年內成立「東協加一」自由貿易區，擴大東協自由貿易區版圖，其實力就不容小覷。此外，東協也在積極推動與印度結合成爲自由貿易區，如果實現，東協一方面可制衡中國大陸經濟的影響力，另方面可以提升東協在東亞地區扮演經貿軸心的角色。

如果把北美自由貿易區、歐盟及東協三大區塊合併計算，二〇〇一年出口占全球六四%，進口占六八%，可以說是全球經貿活動的重心。在不久的將來，三大區塊各自進一步擴大，其勢力更是可觀。

三大區塊所展現的活動差異甚大，東協是以區域外貿易為主，約占七七%；歐盟則以區域內貿易為主，約占六一%。

另外，從一九九五至二〇〇一年的貿易趨勢來看，區域內貿易有大幅增加的是北美自由貿易區，屬於區域內出口（出口至區域內成員）的金額從占總出口的四六・一%提高到五五・一%，區域內進口（從區域內成員進口）占總進口比重則從三七・七%增為三九・六%。區域內貿易比重有較大幅度減小的是歐盟，區域內出口比重從六四・〇%降為六一・九%，區域內進口則從六五・二%減為六〇・九%。至於東協的區域內出口比重是從二五・五%降為二三・五%，但區域內進口卻從一八・九%提高到三二・八%。

圖2-3　美洲、歐洲、亞洲三大區域經貿整合區塊

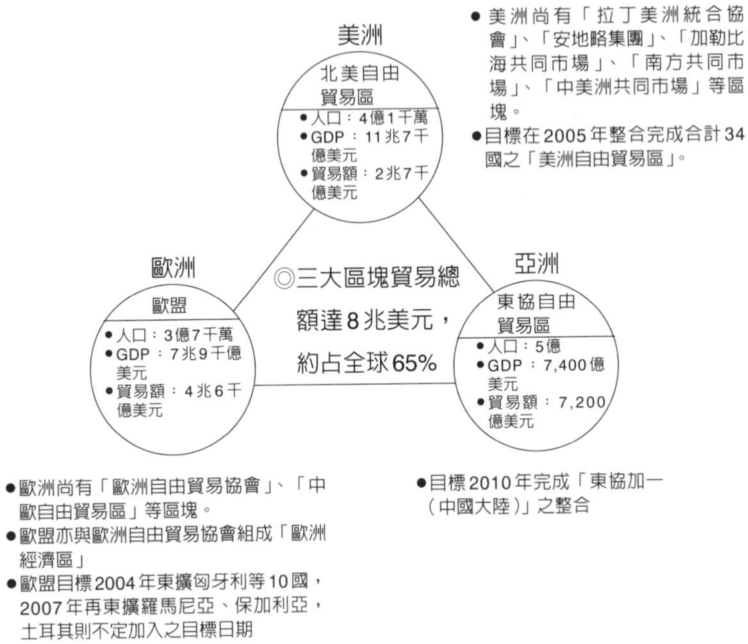
美洲
北美自由貿易區
•人口：4億1千萬
•GDP：11兆7千億美元
•貿易額：2兆7千億美元
•美洲尚有「拉丁美洲統合協會」、「安地略集團」、「加勒比海共同市場」、「南方共同市場」、「中美洲共同市場」等區塊。
•目標在2005年整合完成合計34國之「美洲自由貿易區」。
歐洲
歐盟
•人口：3億7千萬
•GDP：7兆9千億美元
•貿易額：4兆6千億美元
◎三大區塊貿易總額達8兆美元，約占全球65%
亞洲
東協自由貿易區
•人口：5億
•GDP：7,400億美元
•貿易額：7,200億美元
•歐洲尚有「歐洲自由貿易協會」、「中歐自由貿易區」等區塊。
•歐盟亦與歐洲自由貿易協會組成「歐洲經濟區」
•歐盟目標2004年東擴匈牙利等10國，2007年再東擴羅馬尼亞、保加利亞，土耳其則不定加入之目標日期
•目標2010年完成「東協加一（中國大陸）」之整合

註：人口、GDP、貿易額均為2001年統計值

雙邊自由貿易協定

在大型區域經貿整合區塊之外，國家與國家之間，或是國家與經貿區塊之間，雙邊類型的自由貿易協定也如雨後春筍般快速增加。

以日本爲例，由於天然資源短缺，對外經貿是日本經濟成長的重要動力來源，因此一向主張應該在WTO多邊架構下全

面性推動自由化而排斥自由貿易協定。但是面對自由貿易協定的浪潮，日本政府也不得不改變政策，於二〇〇二年一月與新加坡簽下第一個雙邊自由貿易協定後，繼續和墨西哥洽簽第二個協定，並於二〇〇四年一月與馬來西亞展開自由貿易協定政府間交涉；除此之外，日本也研議將南韓、東協等都列爲洽簽的對象。

即使是美國，也汲汲於簽署自由貿易協定，其所考慮的包括政治和經貿利益等因素。截至二〇〇三年四月，除了北美自由貿易協定外，美國已完成了與以色列、約旦、新加坡、智利的雙邊協定，洽簽中的有摩洛哥、中美洲五國、南非、澳洲、南非關稅聯盟等，並且在二〇〇三年五月先後宣佈將在十年內建立「美國與中東地區自由貿易區」以及與巴林推動洽簽自由貿易協定。

經貿合縱連橫成爲浪潮

不管是區域經貿整合的協定，或是雙邊自由貿易協定，都是屬於所謂的區域貿易協定（RTA），依據WTO規定，區域貿易協定是WTO最惠國待遇的例外原則，必須提報到WTO，其內容不能違反WTO相關規定。截至二〇〇一年底，提報到WTO

的區域貿易協定約有二百五十個，其中有將近一百三十個是在一九九五年元月之後所提報；二百五十個協定之中仍在生效執行的約有一百七十個。（圖2-4）

和WTO多邊架構相比較，區域貿易協定的簽訂國可以基於共同的利益挑選簽約對象，同一協定的簽約國可多可少，協定的內容只要不違反WTO規定，在廣度和深度也比WTO有彈性，因此也較能滿足各不同國家的特定環境和需要。由於（一）新的自由貿易協定仍在快速誕生，（二）既有的區域經貿整合區塊積極擴大吸收新的成員，（三）不同區域區塊之間進行跨區域整合，因此估計至二〇〇五年底生效執行的區域貿易協定數量會達到三百個的規模。

目前幾乎所有WTO會員都已或多或少參與簽署區域貿易協定，參與簽署三個以上協定的會員，在二〇〇〇年約占了三八%，估計到二〇〇五年可能會達到六〇%。

除了參與簽署區域貿易協定的成員越來越多，區域貿易協定內容的深度和廣度也在加強，在WTO規範的相關領域外，甚至包括勞工、環保、金融合作、電子商務等多層面的課題，因此可預見區域經貿整合的影響力將會越來越大。

參與簽署協定的會員可能因各別情況不同而享受不同的好處，理論上，簽署區域貿易協定有兩方面的利益，一是經貿利益，另一則是政治利益。在經貿方面，區域內

圖2-4　區域貿易協定的數目

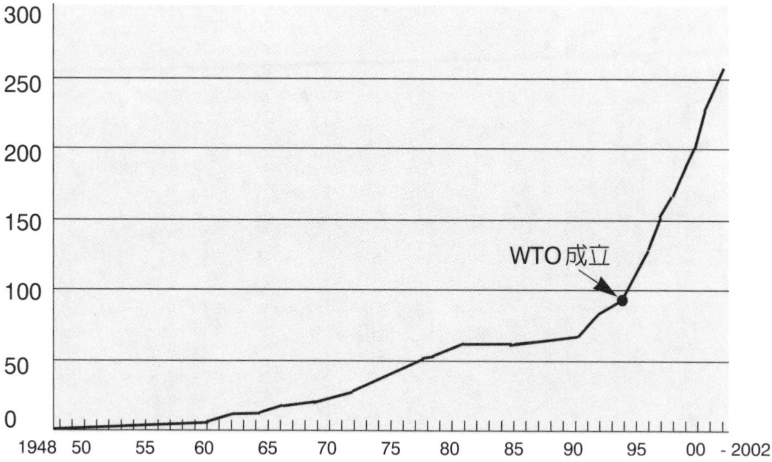

資料來源：WTO秘書處

由於撤除經貿邊境障礙，產生市場機會；同時由於市場擴大，產生規模經濟，也帶來投資和吸引外資的機會。相反的，對於區域外的非簽約國基本上是採取歧視的立場，區域內、外宛如隔著高聳的城牆，極可能產生嚴重的貿易與投資轉向效果。

以美國和摩洛哥洽簽自由貿易協定爲例，摩洛哥已經和歐盟完成雙邊自由貿易協定，對歐盟產品給予進口優惠，來自美國的產品則平均要課徵二○%以上關稅，會使美國產品處於競爭劣勢，原先自美國進口的產品轉向自歐盟進口。

在政治利益方面，可使簽約國在

對內方面藉著協定化解國內反對的力量，有利於經貿改造工程的進行；對外方面，協定類似經貿策略聯盟，可使會員國在WTO或其他國際組織獲得團體力量支持，有利於悍衛本身在國際上的利益。

在理論上，區域經貿整合或是雙邊自由貿易協定固然有前述的利益，在實際上，卻未必能夠完全達到預期目標：

● 協定涵蓋的範圍及內容、簽約國自由化的程度等都可能影響實際的效益。以日本和新加坡自由貿易協定爲例，新加坡已是一自由化程度甚深的國家，協定又遷就日本而排除農業部門，實際上已使該協定的意義和效果大打折扣。

● 各個國家發展條件不同，從協定所能獲得的利益亦不一樣。北美自由貿易協定是從一九九四年開始生效，迄今已滿十年，依據最近世界銀行所完成的研究報告，如果沒有該協定，墨西哥的出口將減少二五％，外國直接投資將減少四〇％，二〇〇二年的平均每人國民所得將減少四—五％。相較於墨西哥的顯著成效，加拿大和美國所獲得的利益就遜色許多。從一九九四至二〇〇二年，墨西哥在美國進口市場占有率從七·四六％提高到一一·五八％，加拿大在美國進口市場占有率仍只能維持在一八—二〇％的水準。

- 協定不代表競爭力的全部，影響競爭力的還有生產要素、幣値、基礎建設（水、電、交通、電信等）、創新能力等，以墨西哥對美國出口擁有北美自由貿易協定的優惠，在若干勞力密集領域例如紡織品、玩具、家電等仍被中國大陸逐步打敗，外資廠商紛紛外移，主要是大陸的成本只有墨西哥的四成到六成，同時墨西哥基礎建設落後，缺乏技術和創新的能力，技術人力也短缺。因此，墨西哥雖然迄今爲止已經與三十多個國家簽定自由貿易協定，收獲最大的也只有北美自由貿易協定。
- 協定內容被落實的程度不同。有的協定簽署後並未生效執行，有的則是簽約國執行時因爲必須付出相當的代價，遭遇國內阻力，因而減低推動意願；部分協定則是因爲缺少強制執行的機制，或是一開始就缺乏強烈的利益誘因，因此也未能有效執行。

積極因應全球經貿變局

綜觀全球經貿體系一方面在WTO架構下全面推動自由化，另方面在區域貿易協定框架下進行區域內自由化、對區域外形成障礙的多元、動態分合，此種變化使未來的全球經貿局勢增加高度的不確定性和複雜性，同時也顯現多重的策略性意義。

第一，全球經貿競爭將是愈來愈激烈。不管是全球或是區域內自由化，都將對全球經貿競爭產生推波助瀾的效果。以紡織業而言，原來規範紡織品貿易長達二十一年之久的多種纖維協定（MFA）於一九九五年隨同WTO的成立而改由紡織品暨成衣協定（ATC）所取代。在紡織品暨成衣協定架構下，全球紡織品貿易將在二〇〇四年十二月底前完全取消配額管制等措施，使現行受到進口配額管制的約八〇%的紡織品在二〇〇五年達到全面自由化，預期將會引發現在受到配額等限制的開發中國家，尤其是中國大陸因配額限制解除而進一步大舉攻占全球紡品市場，甚至造成紡織產業的大遷徙。

第二，全球投資與貿易機會將會持續進行動態位移，各區域、各國家的相對機會或優勢條件會不斷產生動態消長，企業必須具有此種全球化眼光，進行全球機動布局，快速調整策略來因應環境目不暇給的變化，確實掌握各地不同的機會和潛在風險，此時的企業可能就像隨時攜帶帳棚的旅者，哪邊有機會就往哪邊跑。

以墨西哥爲例，該國已經享受北美自由貿易協定的利益十年，如今美國預計於二

○○四年四月與中美洲五國共同簽署自由貿易協定（CAFTA），墨西哥就認爲會損害其於北美自由貿易協定所獲得的利基，擔心投資者會外移。

第三，WTO會員不斷增加，會員之間的異質性提高，各有不同發展階段與產業條件，因此各有不同利益和立場；加上新回合談判範圍擴張，要產生共識、達成談判結果的困難度相對提升。

坎昆部長會議失敗之後，雖然WTO及部分國家致力於修復新回合談判，但是進展相當有限，尤其部長會議期間開發中和低度開發國家聯手組成代表另一種利益的次級集團G-22，有效地發揮了和已開發國家抗衡的力量，此種體制外的運作方式或將成爲日後新的運作模式。如何在波譎雲詭的談判過程中參與或組成聯盟爭取本國的利益，將成爲各會員新的重要課題。

第四，對台灣而言，將面對更大的壓力和挑戰。在守勢方面，台灣由於剛加入WTO，還在履行入會承諾事項的期間，新回合談判可能使台灣對將來的談判結果必須也作執行承諾，因此，在談判過程必須主動爭取，避免遭到被同時「剝兩層皮」而付出雙重代價的痛苦。

在攻勢方面，台灣（一）要積極運用WTO作爲平台，主動參與WTO各項談判工作；（二）在制度和資源分配運用上作策略性調整，強化台灣的優勢條件，以提高對手國和台灣簽署自由貿易協定的誘因；（三）主動輔導產業界重新評估，在貿易和對外投資上作更爲彈性的全球佈局。

以台灣當前的條件，不管是在WTO或是與主要貿易對手國洽簽自由貿易協定、加入區域自由貿易區，台灣所能掌握的籌碼並不多，加上國際政治現實的束縛，能夠運用的外在空間很小，尤其是WTO和區域貿易協定如果又牽扯在一起，關係更爲複雜，並可能動輒得咎。

例如坎昆WTO部長會議失敗之後，就傳出消息說，美國對哥斯大黎加、瓜地馬拉在農業議題方面與低度開發國家集團站在同一陣線對抗已開發國家而表示不滿，威脅兩國不能和其他中美洲國家共同與美國簽署自由貿易協定。

即便是有相當大的困難，但是台灣既然已經成爲WTO的會員，就可站在平等的立場，以台灣的經貿實力靈活地參加WTO的相關活動，創造台灣的利益空間。

同樣的，在自由貿易協定方面，由於外交和政治上的現實環境，台灣遭到極大的阻力。雖然簽署自由貿易協定並不代表可以解決競爭力的所有問題，但是依此趨勢，它將來可能成爲競爭力的必要條件之一。因此與其全力推動洽簽協定而徒勞無功，倒不如立即從制度上和投資環境上進行重大變革，創造更大的誘因，使洽簽的工作水到渠成。

另外，由於全球經貿架構的變動腳步加快，市場和投資機會經常轉移，一般企業缺乏對此種國際經貿情勢變動的敏感度和分析能力，不能在投資和市場拓展上作適時、適切的因應。台灣在策略、組織、作法上必須進行大幅度的調整，擴大協助產業界作好在全球佈局的準備工作。

第三章

全方位經貿競局

三股驅動力量

除了全球經貿框架重整激化競爭之外，還有三股力量在驅動全球經貿競爭的白熱化，一是放寬外國直接投資的管制，並將受管制的產業予以自由化，以及將公營事業民營化成爲新的潮流，其次是新興科技不斷突破，創新速度加快；另一則是產業結構和企業結構解體。

在自由化、民營化方面，許多國家基於（一）公營事業及受管制的產業在缺乏競爭的環境下績效不彰，（二）資訊通信科技在現代經貿競爭中扮演關鍵角色，必須加速該領域的基礎建設，（三）科技創新帶動消費者對前瞻性、費用低廉的服務產生殷切的需求，而受管制的產業往往不能符合消費者的期待，因此積極將受管制的產業予以開放、公營事業予以民營化，例如電力、電信、能源、金融、航空等事業，此種開放熱潮所釋放的商機推動了大規模的跨國投資、市場蓬勃成長，以及激烈的產業競爭。

依據聯合國貿易投資會議（UNCTAD）二〇〇三年世界投資報告的統計，世界各國以有利於外國直接投資的方向來修改管制規定的情形越來越普遍（表3-1），因此

表3-1 有關外國直接投資管制規定變動情形

	1991	1992	1993	1994	1995	1996	1997	1998	1999	2000	2001	2002
投資規定有變動的國家	35	43	57	49	64	65	76	60	63	69	71	70
管制規定變動的數量	82	79	102	110	112	114	151	145	140	150	208	248
有利於外資者	80	79	101	108	106	98	135	136	131	147	194	236
不利於外資者	2	-	1	2	6	16	16	9	9	3	14	12

資料來源：取材自UNCTAD, World Invesetment Report 2003

直接、間接促進了大型、跨國境的併購浪潮；尤其是在二〇〇〇年，十億美元以上的跨國併購達到一百七十五件，金額達到八千六百多億美元，創下歷史上的高峰。（表3-2）

至於新興科技進步更是驅動世界變局的另一高手，基因工程、尖端生物化學、數位電子、光資訊儲存、光纖傳輸、微機電、奈米科技、尖端資訊通信、影像顯示等不斷突破，也帶來更開闊的新應用領域，使創新成爲推動經濟成長的動力引擎。

以半導體技術爲例，積體電路（IC）自一九六〇年發明至今雖然已歷經數十年的發展，進步的速度似乎還在遵循著名的摩耳定律，晶片上的電晶體密度以平均一到二年就增加一倍的無限活力往前挺進，執行它尚未結束

表3-2 跨國境10億美元以上併購案

單位：億美元

年	件數	總金額	平均每件金額
1991	7	204	2.9
1992	10	213	21.3
1993	14	235	16.8
1994	24	509	21.2
1995	36	804	22.3
1996	43	940	23.5
1997	64	1,292	20.2
1998	86	3,297	38.0
1999	114	5,220	45.8
2000	175	8,662	49.5
2001	113	3,781	33.5
2002	81	2,139	26.4

資料來源：取材自UNCTAD, World Invesetment Report 2003

的資訊革命。英特爾在一九七一年推出第一顆4004微處理機，上面只有二千三百顆電晶體，一九八一年推出i8088處理機，上面已有二萬九千個，至二〇〇二年推出的P4微處理機就有五千五百萬顆。預估到二〇一〇年，記憶體IC的單位成本將降為二〇〇一年的二十分之一，微處理機速度比目前快上十倍，將使資訊科技的應用更為廣泛和普及。（表3-3）

運輸和通信科技的進步則促進了交易成本降低、速度加

表3-3　半導體技術進步推動成本降低、速度提升

	2001年	2005年	2010年	2016年
DRAM記憶體（位元，bits）	512M	2G	8G	64G
DRAM成本／位元 （微分美元，micro-cents）	7.7	1.9	0.34	0.042
微處理機速度（百萬赫茲，MHZ）	1,684	5,173	11,511	28,751

資料來源：SIA, 2001 ITRS

快、國界限制被突破。八○年代早期至一九九六年貨運的海運成本估計就減少了七○%，空運成本長期也呈現了平均每年下降三至四%的趨勢。網際網路的突飛猛進更進一步促使資訊傳遞無遠弗屆，並且使國家疆界被撤除、空間距離消弭於無形。

至於大量製造的自動化生產技術則推動了生產成本降低、品質提升，並且創造供過於求的市場，使市場產品價格快速滑落，競爭方面益形峻險。另外一方面，生產力提升加上競爭壓力，也使企業僱用人員減少。依據紐約聯盟資本管理公司對全球最大二十個經濟體的就業調查，從一九九五到二○○二年間，製造業總共減少了二千二百多萬個工作，幅度達到一一%。

處在供過於求的競爭環境，科技又不斷的突破，促使「創新」成了新的競爭重點。自一八八七到一九八六年的一百年之間，可以發現，從一有創新產品推出，享受領先行動者的優勢，到有提供相同或相類似產品的競爭者加入，其間所相隔的時間是越來越短（圖3-1），顯示創新被傳播的速度是越來越快，也顯示產業界對於創新所獲得的利益是越來越爲重視，因此激發企業對於創新的投資。

面對快速變動的環境和創新成爲新的競爭重點，企業和產業體系都產生了解構作用。以往強調垂直整合、經濟規模的企業，逐漸將原來集研發、設計、零件製造、組裝、測試、行銷通路、維修、客戶服務等功能活動於一身的營運方式解體，本身只專注在核心功能，而將其他的功能或者予以委外（outsourcing），或者和別的企業形成策略聯盟，目的在使企業身輕如燕，靈活因應善變的環境和創造創新的活力。

同樣的，產業結構也從過去強調封閉、上下游垂直關係的分工合作轉變爲開放、水平式的合作，鮮少有企業可以擁有專屬（proprietary）、封閉式的產品系列，或者是專屬的上、下游廠商，過去王安、迪吉多等電腦上使用的軟體不能在IBM電腦上使用的情形已是逐漸減少，每家企業都強調其產品的開放式架構或相容性、互通性，都希望在更多不同產業的供應鏈體系中占有一席之地，儘量推廣其產品的應用領域。

由於企業結構搭配產業結構的解構，使每一企業可以專注於最能創造價值的核心活動，因此也驅動了產業的創新熱潮。

圖3-1　推出創新之後至有競爭者加入中間相隔年數

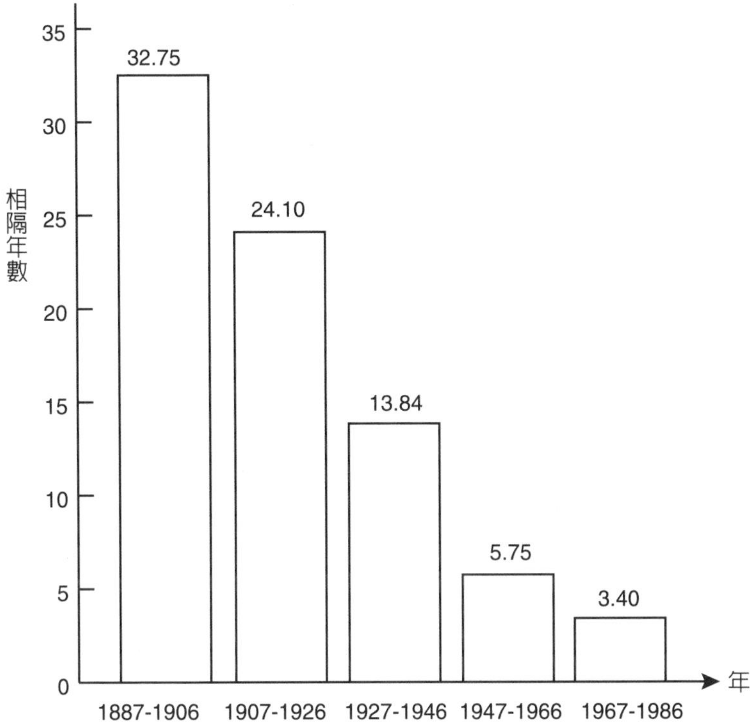

資料來源：Agarwal and Gort, First Mover Advantage and the Speed of Competitive Entry, 1887-1986. Journal of Law and Economics 44 (April 2001).

三個大趨勢

在三股驅動力量的推拉之下，企業的營運模式不斷推陳出新，各項功能活動順理成章地走上全球佈局之路，追求領先掌握市場機會，並且將各地資源與企業核心能力作最有效的整合，因此帶動了三個具策略性意義的大趨勢。

趨勢之一是開發中國家迅速整合到全球經貿體系。

開發中國家在全球製造業出口所占比重不斷提升，從一九八○年的一○・六%提高到九七年的二六・五%。如果拿一九九二年到二○○一年全球貨品出口金額來看，拉丁美洲占有率從四・○%提高到五・六%；亞洲扣除日本之後，從一七%增加到二一・五%；即使是中東歐也從一・四%提高到二・三%；相反的，西歐則是從四五・七%降爲四一・二%。

在跨國投資方面，雖然目前仍舊是以美國、日本、歐盟這些國家爲主，但是開發中國家也加入全球化佈局、深化全球競合的行列，以平均每年跨國投資流出的金額達到十億美元以上的國家來計算，一九八五年的十三個國家中，開發中國家只有一個；到了二○○○年，超過十億美元的有三十三個國家，開發中國家就占了十一個。

由於開發中國家陸續加入全球經貿體系，使得競爭變得更為激烈，一九九二至二○○二年全球占出口金額年平均成長率只有五・五％，中國大陸就高達一四・四％，印度也有九・六％。

趨勢之二是開發中國家加入創新的行列。

以往能夠運用科技從事創新的國家僅是少數，而且多半是已開發工業化國家，如今，不僅先進國家加緊研發投資，台灣、南韓、新加坡、愛爾蘭、以色列都成了新興創新導向的國家，甚至馬來西亞、中國大陸、印度等都加入創新競賽的成員。即如後進的泰國，也在二○○三年初通過「願景二○二○」（Vision 2020），目標於二○二○年完成以技術革新帶動整體經濟社會的成長。（圖3-2）

因此不僅是美國有著名的矽谷、一二八號公路、北卡羅萊納研究三角園區等科技重鎮，台灣也有新竹科學園區、印度有邦加洛（Bangalore）軟體之都、以色列有台拉維夫、馬來西亞有多媒體超級走廊、中國大陸有中關村創新園區等產業創新聚落。

不只是許多國家都往科技創新的方向發展，甚至所選擇的策略性產業或是重點科技領域也都是大同小異。

台灣所選擇的新興重要策略性產業有3C工業（資訊、通訊、消費電子）、精密電

圖3-2 越來越多國家加入創新行列

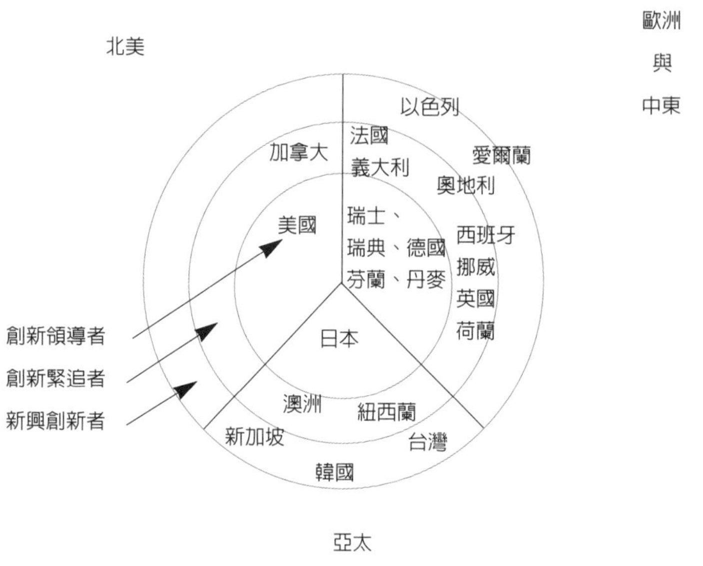

資料來源：The Council on Competitiveness, Clusters of Innovation: Regional Foundations of U.S. Competitivenss.

子元件、精密機械設備、航太工業、生醫及特化工業、綠色技術、高級材料、技術服務業，並且將兩兆（半導體、平面顯示器）雙星（數位內容、生物科技）列爲重點中的重點產業。

日本則選擇了生物科技、數位內容、產業用機器人、燃料電池、環境機器及其服務業、能以網路遠距操作的資訊家電六個領域指定爲「席捲全世界之產業」。

南韓將數位電子、電子醫療機器、生化、環境、航空作爲策略產業。

新加坡將電子、化學、生物醫藥、運輸列爲四大主力產業，並且將提高生物醫藥比重作爲目標。

泰國也是雄心勃勃，挑選電腦動畫及圖形設計、食品加工及保健食品、醫療服務、汽車製造、熱帶服飾流行設計、橡膠、觀光資源、木製傢俱、國際學校等領域追求成爲利基市場的世界領導者。

印度更不用說，軟體和資訊科技早就是其最著名的核心高科技產業。

至於科技發展方面，以奈米科技爲例，不僅是台灣將之列爲重點研究項目，美國、西歐等國積極投入，日本產業界也於二〇〇三年成立「奈米技術商務協議會」，邀集創投公司、技術移轉機構、大學教授等三百人組成，致力於奈米技術及早產業化；日本政府另計劃編列預算，以「共同開發計畫」方式予以支援。義大利政府同樣的在二〇〇三年一月宣布一項跨政府、學校、產業界的科技合作案，由科技部、教育部主導，而由科技部、西西里島Catania大學、Palermo大學、Messina大學、ST Microelectronics公司、西西里各省政府共同簽約，推動在Catania大學旁發展一個專屬於微米及奈米科技研發及生產的高科技園區。

驅勢之三是跨國企業加深對全球化的佈局，先進國家逐步將工作外移。

在全球化競爭壓力下，企業進行動態的全球佈局，調整佈局的頻率越來越高、全球化佈局的功能活動也越來越多元化。估計全球當前有六萬家以上跨國企業在海外設有八十多萬個據點，從事研究、產品開發、生產、物流、行銷等活動，哪裏有商業機會、具優勢的投資條件，就立刻往哪裏移動。

例如一九八四年個人電腦銷售量下滑，IBM公司就要求供應商降價，其中硬式磁碟機大廠Segate爲了保有這最大的客戶，因此將主要產品降價四〇%以上。降價的另一方面是要降低成本才能維持生存，因此公司不得不把裝配生產線移到新加坡，第一年就達到降低三〇%的成本的亮麗表現。但是其他硬碟機廠商也尾隨到了新加坡，使Segate失去了獨享的優勢條件，大家爭搶技術人力，更使成本往上拉高，逼得

Segate又在一九八七年前往泰國設置另一座組裝廠。

類似Segate的條件是屢見不鮮。總部設在新加坡的世界最大電子代工廠之一的Flextronics於全球五大洲、將近三十個國家設置有設計、工程、製造、後勤營運據點，公司當局不斷在選擇最適當地點展開新的營運活動，同時不斷在關閉不具競爭力的據點。在二〇〇三年初，該公司就著手進行關閉在東南亞的工廠，準備移往中國大陸。

跨國企業將工作外移，在一九八〇年代是以勞工密集製造工作爲主；到了一九九〇年代，掀起第二波將勞力密集的辦公室工作外移的浪潮；到了二〇〇〇年代，又進一步將知識密集的工作往外移。（圖3-3）

以美國爲例，開始時當然是製造部門外移至開發中國家設廠，接著是把電腦資料輸入或是系統支援等較低層次的科技工作移往低勞力成本的國家；漸漸地，軟體開發、IC設計等高層次的技術工作也逐步外移，例如波音、摩托羅拉、戴爾電腦在俄羅斯成立軟體研發中心，IBM分別在印度、中國大陸僱用了數千名工程人員。根據佛利斯特公司（Forrester Research）的研究，美國在二〇〇〇年大約有三萬個科技職缺移往海外，估計至二〇一五年會成長到四十七萬個工作外移。

圖3-3 跨國企業將企業流程作業外移時選擇據點考量之因素

- 勞力成本
- 管理與基礎設施成本
- 租稅與利潤實現、匯率等財務影響

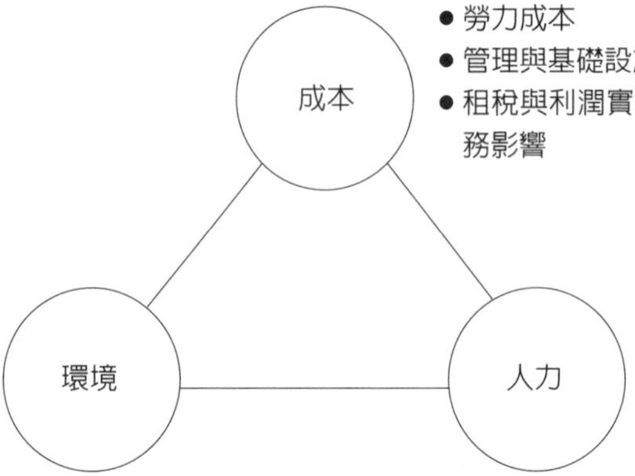

- 政經風險
- 國家基礎建設
- 文化相容性
- 地理距離
- 智慧財產權之安全性

- 企業流程作業（BPO）及資訊科技經驗
- 工作人力之教育水準
- 勞動市場規模
- 語言障礙及讀寫能力

資料來源：取材自A.T. Kearney, WHERE TO LOCATE: Selecting a Country for Offshore Business Processing

迫使服務性、知識性工作外移的驅動力量一方面是全球化激烈競爭，跨國企業大多採取瘦身、人員精簡等方法來降低成本；另一力量是數位科技進步，尤其是通信及網際網路發展，使研發、設計、會計、財務分析、帳務處理、航空訂位、電腦查號、客戶服務等工作都可以外移或委外到開發中國家。

一般而言，服務性、知識性工作外移或是外包要考慮的因素和製造部門是不大相同，前者所要考慮的條件包括成本、人力及當地環境三者，在這些因素綜合考量之下，印度、中國大陸、菲律賓、馬來西亞、墨西哥、哥斯達黎加、東歐、南非、俄羅斯等都成了被跨國企業外移前往的新興據點，排名在最前頭的當屬印度。在競爭層次上，印度已經脫離了低層次的競爭，她不僅是客戶服務中心、資訊科技服務的聚集之地，更是軟體開發、IC晶片設計的重鎮，跨國公司還在持續的將財務分析、工業工程、電腦模型分析等高層次的工作移往印度。

「不連續」的影子

處在紛亂動盪的變局，結果只有一個，那就是到處都可以看到「不連續」的影子，時時刻刻都是企業、國家的轉捩關鍵。許多大國突然走下坡、大企業瞬間垮了，另有一些國家、新興企業不知何時、又是如何冒出頭來，處處可見不按牌理出牌的意外，因此也令有遠見的領導者驚悸萬分，時常存著危機意識，而不是淨拿一些比較差的對手來作比較；在亞洲地區，不連續的情形可以雁行理論作個例子。

所謂「雁行理論」是指同一項產業會在競爭條件不同的國家之間按照順序由興盛

而衰退；同樣的，在同一個國家不同產業也會因不同的發展條件而按照順序由興而盛、由盛而衰。（表3-4）

九〇年代以前，亞洲國家大體上是依照雁行理論而發展演進，日本是雁頭，其次是台灣、南韓、新加坡、香港四個新興工業化經濟體（NIC），再次是馬來西亞、印尼、泰國、菲律賓的新新興工業化經濟體（New NIC），中國大陸、印度、越南、寮國、柬埔寨、緬甸等則又都跟在後面。

到了九〇年代，跨國企業的外國直接投資加速進入中國大陸，製造的產品從勞力密集提升到技術密集，設置的據點從生產活動升級到設計、研發中心，中國大陸在亞洲的雁陣中插隊跑到了東南亞的前面，有直逼台灣、南韓之勢。不只是中國大陸，原來排在雁尾的印度也成了世界的軟體之都，成爲資訊科技服務業的重鎮和高科技研發中心，一下子就打亂了亞洲雁陣的順序，產生不連續的現象。

由於疏失造成嚴重的後果，不管是國家也罷、企業也好，都必須立刻進行重大變革，和過去說再見。

以轉捩成功的日本日產公司爲例，這家創立於一九三三年的著名汽車製造公司在六〇年代到八〇年代曾經風光一時；到了九〇年代就一步一步走下坡，一九九八年爲

表3-4 執行雁行理論的台灣某影音家電公司

	1976-1986年	1987-1990年	1991-1993年
台灣影音廠	單價15-60美元	單價100-160美元	單價100-400美元
台灣資訊廠		單價60-200美元	單價170-350美元
東南亞廠		→單價15-60美元	→單價100-160美元
中國大陸廠			→單價25-100美元

了解決燃眉之急，不得已向日本開發銀行借了七億美元。在一九九九年情形仍舊相當嚴重，全球只銷售二百四十萬輛，比一九九六年減少約三十萬輛，公司虧損六千八百億日元。導致法國雷諾公司在一九九九年三月宣布以五十四億美元收購日產三六・八%股權，並由高恩（Carlos Ghosn）接下重整日產的任務，進行三年的「日產振興方案」。

在高恩所提出的振興方案中，其中有兩項措施完全違反了所謂的「日本式管理」或傳統，一件是全球裁員兩萬一千人，國內汽車裝配廠從七家減爲四家，這些作法與日本傳統的終身僱用制大大不符；另一則是將零件和材料供應商家數減半，脫離傳統的系列產業聯盟（keiretsu）的束縛；系列產業聯盟是早期在五〇、六〇年代日本所發展出來的一種特殊企業結合的型態，上頭由大商社或是銀行作爲領導者，其下的成員彼此持股、互相支援，形成一群的生命共同體，也是日本所津津樂道的成功的要訣。但是此種成功的關鍵卻是造成日產供應商家數過多、採購成本偏高的原因。因此在高恩的鐵腕下，要求零件與材料供應商家數要從一九九九年的一千一百家減爲二〇〇二年的六百家，將占公司營運成本六〇%的採購成本在三年內降低二〇%。

由於高恩所推動的策略轉折，在二〇〇一會計年度，日產的營業利益達到四千八百九十億日元，獲利率將近八%，創下日產的歷史新高，淨利達到三千七百二十億日元；在二〇〇二會計年度，營業利益再達七千三百七十億日元，獲利率上攀一〇・八%，淨利達到四千九百五十億日元。高恩因此在二〇〇二年三月宣佈，原來要執行三年的振興方案在兩年內就提前達到主要目標。

從雁行理論和日產企業旋乾轉坤的例子，我們可以一窺當前的競爭局勢和方式是長成什麼樣子。可以肯定的是未來的競爭會比現在更激烈，競爭的層面會比目前更廣，優勝劣敗、重新洗牌的腳步越來越快，各個國家、各個跨國企業都拼命在爭奪市場，搶人才、搶資金、搶技術、搶工作機會，競爭的手法加速翻新，國家要更新發展模式，企業要創新營運模式，不斷尋找新的定位、建立新的競爭優勢、發展新的核心能力，這些挑戰，台灣沒有任何一樣可以逃避掉。

但是，和其他國家相比較，台灣還要額外加上一項課題，那就是世紀巨無霸——中國大陸的衝擊。

第四章

亞洲新的驅動引擎——中國大陸

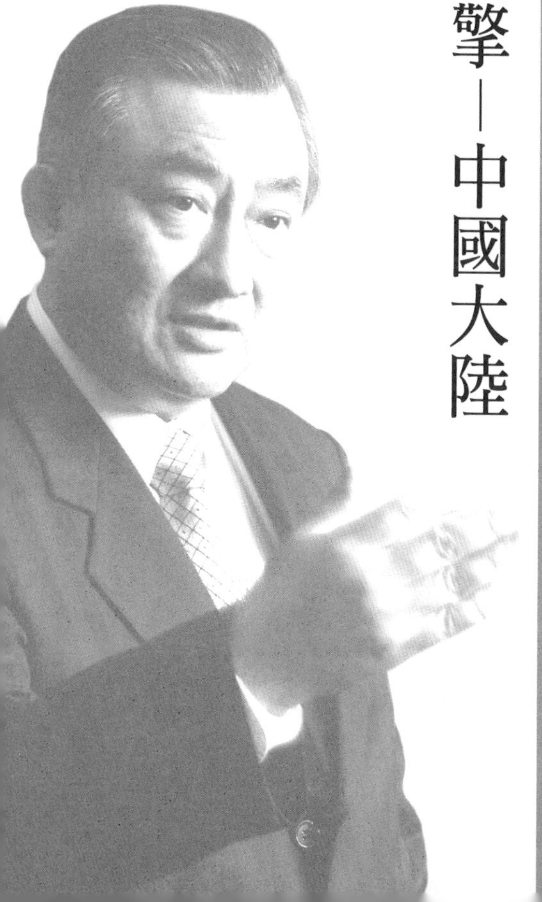

破繭而出

一九七八年，對中國大陸而言，是歷史上關鍵的年份。專制、封閉、保守、腐敗、落後、貧窮，幾乎所有負面的形容詞都可以加在這塊古文明大地的脖子；到了一九七八年，終於啓動了變革。

一九七九年七月，中共中央和國務院終於同意在廣東省的深圳、珠海、汕頭三市和福建省的廈門市試辦出口特區；隔年五月，將四個出口特區改名爲經濟特區，並在八月批准廣東省經濟特區條例，象徵中國大陸將走向對外開放的市場經濟。

經濟特區扮演中國大陸對外開放窗口及經濟改革試點的角色，它的特點在於實施特殊的經濟政策和經濟管理體制，擁有較大的經濟自主管理權限，以利吸引外資。

從第一步的改革、開放，迄今將近二十五年，中國大陸的經濟隨著開放腳步而發展；開放腳步越快，發展的速度就加倍的快，贏得了「世界工廠」的頭銜，但也引發「中國即將崩潰」、「中國威脅論」的爭議。不管是那一個，中國大陸經濟的亮麗表現已經成爲世界關注的焦點，大家都在注意，中國大陸是不是下一個帶動亞洲經濟成長的火車頭。

簡略來說，近二十五年來中國大陸經濟發展的模式可以用一個人的身體作個解釋。

中國大陸是以「特殊經濟特區」作爲開放和發展的平台，目前大約有十三種對外開放的特殊經濟區，包括經濟特區、沿海開放城市、沿長江開放城市、沿海經濟開放區、經濟技術開發區、高新技術開發區、保稅區等。

站在特殊經濟特區的平台上，支持龐大身軀進行經濟發展的是兩隻大腳，其中一隻是廣大的內需市場，包括十三億消費人口，以及隨同經濟發展衍生的基礎建設需求。另一隻大腳是低廉、充沛的生產要素，土地、高素質的人力似乎取之不盡。

有了兩隻強而有力的腳，還要靠一雙靈活的手去對外爭取機會，一隻手是在制度方面逐步開放，邁向自由化，創造市場和投資機會；另一隻手則是提供各種租稅、金融等獎勵優惠和各種配套措施，地方領導可以配合投資者要求，動員大批人力晝夜趕工，於短短幾個月內替投資者蓋好廠房；也可以配合重點投資者進行造鎮計畫，遷離當地居民，建設道路、水、電、電信、公共設施，重建新社區。

當然，「頭」是最重要的部位，由政府負責擬定各種計畫、政策，以及推動落實，主導中國大陸經濟發展的腳步、深度和廣度，並且定調在社會主義市場經濟的制

度。

除了頭部、雙手、雙腳和所立足的平台，不可或缺的是那顆渴望發展、追求投資的熱滾滾的「心」。爲了維持那顆心不斷跳動，大陸當局不斷在塑造希望、信心，藉著各種事件激發人民對未來的憧憬，例如爭取加入WTO、爭取主辦奧運和世界博覽會、推動一項接著另一項的世界級建設計畫，持續全國上下追求「明日會更好」的熱情，讓整個中國大陸籠罩在磅礡的拼經濟的氣勢當中。

氣勢如虹

中國大陸在一九七九－八二年改革開放的初期，外來投資甚少，主要是港商在廣東從事「三來一補」的營運型態。到了八三－九一年，對外資提供優惠待遇的政策漸次明確，合資企業增加，外國直接投資加快腳步，但仍是以進入廣東、經濟特區爲主。

尤其到了九二年，外國直接投資突破一百億美元，九三年突破二百億美元而達二百七十五億美元；到了二〇〇二年，實際利用外國直接投資達到五百二十七億美元，超越美國而居世界第一位。

中國大陸的外國直接投資在一九八六至二〇〇一年，來自亞洲的占七四%，二〇〇二年則降為六三%，在二〇〇二年的外資中，以香港占第一，達到一百九十二億美元，其中有一部分是中國大陸投資到香港的資金再回流；其次是維京群島六十二億美元，第三至第十名依序為美國、台灣、日本、韓國、新加坡、開曼群島、德國、英國。近幾年的走勢是來自亞洲國家比重下降，維京群島、開曼群島這些避稅天堂的比重增加。（圖4-1）

在使用外國直接投資的行業中，始終是以製造業為主，從一九九九至二〇〇一年製造業所占比例依次是五六%、六三%、六六%，呈現走高的趨勢。服務業也環繞在和生產有關的行業，包括金融、流通、電信等。

至於企業投資型態，由於大陸當局逐漸放寬，外資企業比重不斷升高，從一九九九年的四七%上升到二〇〇一年的六〇%，合資經營比例相對從三六%降為二八%，合作經營也從一六%降為一〇%。

從地理經濟學、市場機會、競爭力的演進關係，外國直接投資地域已經從早期珠江三角洲（珠三角）為主，北移至長江三角洲（長三角），甚至環渤海、閩江流域，

圖4-1　中國大陸外國直接投資（FDI）攀新高

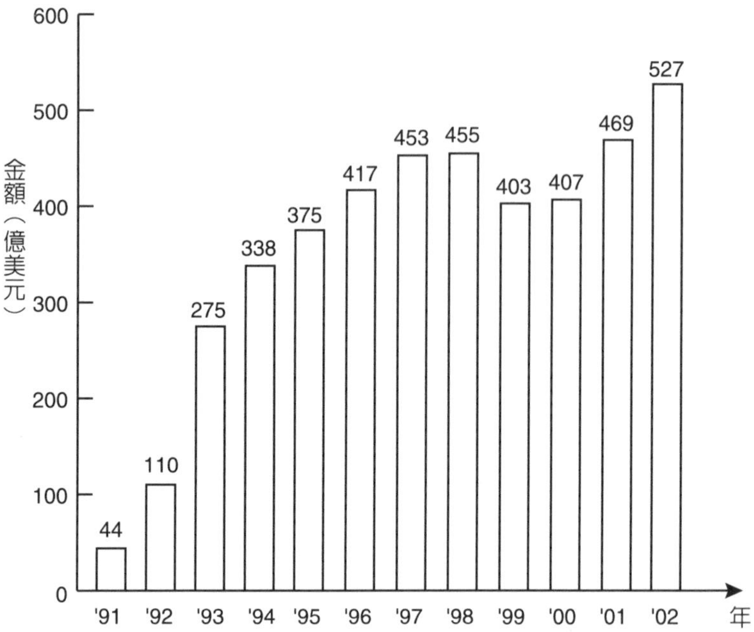

資料來源：中國統計年鑑

以及大陸中、西部。在二○○二年的吸引外資地區，排名前十名的依序是廣東（一百零六億美元）、江蘇、山東、上海、福建、遼寧、浙江、北京、天津、湖北（十三億美元），足見外資集中在沿海新興工業化地區。

外國投資集中在製造業帶動了中國大陸的工業化和出口。在工業方面，外商投資企業之工業產值占中國大陸工業總產值比重由一九九二年的七・一

%提高到二〇〇二年的三三・四%。在出口方面，從一九九二年至二〇〇二年，中國大陸每年平均出口成長率（CGR）達到一四・四%，幾乎每四至六年就增長一倍；在全球出口總額的比重從二・二六%提升到五・〇四%。於二〇〇二年世界市場雖然不景氣，中國大陸出口金額仍舊成長二二%達到三千二百五十六億美元，擠下英國，排名世界第五位。

在中國大陸的出口中，外商投資企業的出口占相當高的比重，一九九九年占四六%，二〇〇一年提高到五〇%，顯見出口對外資廠商依賴之重。

在出口地域分布，仍舊集中在廣東、上海、江蘇，但是廣東所占比重逐漸在降低，從一九九九年的四四・五%降到二〇〇一年的四〇・八%，上海則從一一・七%增加爲一二・〇%，江蘇也從一一・一%上升到一二・五%。

由於中國大陸左吸外資、右擴出口的氣勢如虹，帶動大陸經濟飛速成長，在一九九二年到一九九五年間都能保有兩位數字的超高成長，其後至二〇〇二年間也都能維持七%以上的高度成長，使中國大陸在一九九二年擠下巴西成爲全球第九大經濟體，並在二〇〇二年推進到第六位。

中國製造

中國大陸製造業快速成長，不斷創造所謂的世界第一，獲得「世界工廠」的頭銜。

依據中國大陸研究機構最近的調查，中國大陸在家電、紡織、電子、日用品等十個產業有近八十項產品的產量高居世界第一位，包括電扇、照相機、影音光碟機、鐘錶、彩色電視機、電話機、縫紉機、拖拉機、自行車、打火機等。

以中國大陸最強項的紡織品來看，依據出口統計，世界上平均每一個人可以分配到中國大陸產製的鞋子一雙、衣服二・八件、布料一・七公尺，平均每兩個人可以分配到中國製襪子一雙、毛巾一條、帽子一頂。

世界上到處充斥著「中國製造」（Made in China）的產品，即便是最講究品質、品味的日本也抵擋不住中國大陸產品的入侵，單就不起眼的領帶市場來說，來自中國大陸的產品早就占了一半以上。

就在中國大陸產品勢如破竹的輪番進攻之下，從一九九二到二〇〇二年的短短十年之間，中國大陸在美國進口市場占有率從四・八七%提升到一〇・七六%，超越日本而居第三位；在日本占有率從七．二六％大幅提高到一八．三三％，超越美國而居第一位。

在出口產品結構方面，符合中國大陸當局所定義的高新技術產品的出口約爲六七七億美元，占外貿出口二一％；其中又以資訊與通信技術產品爲最大宗，占了九五％以上。若就高新技術產品的出口地分析，廣東省占了四六％，江蘇省一八％、上海市一一％；江蘇省雖然只居第二位，但是成長相當快速，二○○二年的出口成長率將近六九％，廣東省僅成長三九％，相較遜色許多，顯示華中地區已經快速的從後面趕上。

很多人認爲中國大陸吸引外國投資製造業的優勢在於穩定的政治、經濟環境，低成本的勞動人力，以及廣大的內需市場。實際上低廉人力固然是中國大陸的優勢之一，充沛的高素質人力、產業群聚所建構的完整供應鏈更是外商所看重的要素。以電子產品而言，直接勞工成本可能僅占製造成本的一○％，零組件成本占了絕大部分，因此接近供應商與接近廉價勞力同等的重要。

拿全球主要的電子代工公司Flextronics爲例，該公司在中國大陸以先進的技術生產微軟公司的X-Box遊戲機控制器等產品，四、五年前取自當地供應商的零組件只占五－一〇％，現今則提高到了五〇－七〇％。

今日的珠江三角已到處形成了不同產業群聚，例如運動鞋、微波爐、燈具、高爾夫球桿、影印機、成衣、耶誕用品等等，長江三角也在形成資訊科技的大型產業群聚；產業群聚提升了整個產業在快速回應市場變動、降低生產成本所展現的競爭力。

除了生產之外，跨國公司也積極前進中國大陸設立研發機構。依據大陸官方的調查，至二〇〇二年至少有知名的六十五家跨國公司在中國大陸設立了八十二個研發中心，其中三十一家是列於財星雜誌（FORTUNE）五百大企業。這些跨國公司主要來自美國、歐洲、日本，合計占了八五％，並且集中在北京（占六〇％）、上海（一八％）；就行業別而言，又都集中在資訊科技，占了七一％。

以IBM公司爲例，早在一九九五年就於北京設立研究實驗室，僱用一百多位人員，大部分具有博、碩士學位，從事語言處理、語音辨識、行動計算、電子商務技術、多媒體等方面的研究，與以色列、日本、印度、瑞士等地同爲該公司重要的海外研究據點。

又如韓國LG電子公司分別在一九九八年及二〇〇〇年於北京、山東、天津設立了三個實驗室，又在二〇〇二年十二月於北京中關村設立研發中心，從事次一代通信、資訊家電、中國大陸市場爲主的TD—SCDMA規格無線通信、工程設計等四個核心領域的研究，初期有二百位人員，預計將擴充至二千位人員。

從這些跨國公司汲汲於在中國大陸設立研發據點，可以瞭解吸引它們的是市場及取之不盡的高素質人力。中國大陸如果好好運用這些研發實驗室所產生的外溢（spill over）效果，應該可以加速製造領域體質的改善。

眞的是世界工廠？

從另外一個角度看，中國大陸是不是眞的已經成爲世界工廠？先從產品本身切入，目前中國大陸所生產的產品還是偏重在技術成熟、產量大、品種少、價位低、附加價值含量少的產品。

如果把產品類別分爲（一）原材料（包括鋼鐵、化學原料）（二）辦公室與通信設備（三）汽車及相關產品（四）其他機械設備（包括電機、機械、其他運輸設備）（五）紡織暨服裝（六）其他半成品（七）其他消費性產品七大類，將中國大陸的出口和日本、美國、歐盟進行比較（表4-1），可以發現：

表4-1 各國／區域各類製造業產品出口占世界出口總額之比重（2002年）

單位：%

	中國大陸	歐盟	日本	美國
所有製造業產品	6.2	42.5	8.2	12.1
原材料	2.3	53.0	6.1	10.8
辦公室與通信設備	9.0	27.9	9.7	13.0
汽車產品	0.4	48.8	14.9	10.8
其他機械設備	3.8	45.9	9.8	16.1
紡織暨服裝	17.5	29.0	1.8	4.7
其他半成品	5.5	46.9	3.9	9.1
其他消費性產品	10.8	41.2	6.2	13.3

（網底）該國該類產品出口占世界該類產品出口總額比重高於該國所有製造業產品出口占世界製造業產品出口總額之比重

資料來源：取材自WTO, International trade statistics 2003

- 中國大陸只在辦公室與通信設備、紡織暨服裝、其他消費性產品有比較優異的出口表現。
- 日本在辦公室與通信設備、汽車產品、其他機械設備表現優異。
- 美國在辦公室與通信設備、其他機械設備、其他消費性產品三大項超越水準。
- 西歐在原材料、汽車產品、其他機械設備、其他半成品領域居優勢。

顯見中國大陸的出口產品集中在輕工業，對於資本密集、技術含量較高、系統層次較高的領域較弱。

其次從生產設備方面來論，目前中國大陸先進一點的設備都要依賴進口，顯示產品生產技術還未能自主，例如光纖製造設備是百分之百、IC設備約八五%、石化設備八○%、汽車製造設備七○%、紡織機械七○%是靠進口。

另外從產業技術而來看，如果將產業技術的演進順序分爲（一）技術引進（二）技術改良（三）新產品開發設計（四）創造獨特性技術四個階段，中國大陸應該還處在技術引進與技術改良的時期，產業技術水準低，相對就缺乏創新能力和市場競爭力，抄襲、模仿的產品到處可見。

以紡織成衣業作個例子，在二○○二年中國大陸生產了二百億件服裝，分配給全世界所有人民，平均每人可以分到四件。但是中國大陸與美國服裝業相比較，在市場快速回應、設計水準、商品化、組織管理等多方面，中國大陸都落後了十年以上；加工設備也落後了五年，模仿能力倒是相當的在行。（表4-2）

由於產品、設備、技術各方面都未能自主，因此中國大陸的外貿二百大企業的出口值中，有將近七四%是以加工貿易的方式進行。

從以上粗略的分析，可以瞭解，中國大陸要成爲「世界大廠」還要在很多方面努

表4-2　中國大陸與美國服裝業之差距

- 行業組織管理－落後40年
- 市場化機制－落後30年
- 整體設計水準－落後20年
- 快速反應（QR）及柔性加工能力－落後10年
- 加工設備先進性：落後5年
- 加工能力與規模：先進
- 模仿能力：領先

資料來源：顧慶良，數字化經濟與敏捷製造、敏捷零售－中國服裝業的學習與實踐，2001.4（東華大學管理學院）

力。

不公平競爭

中國大陸出口產品勢如破竹的威力已經引起許多國家的側目，出口成長的衝勁似乎還找不到刹車板，不僅遠在北歐的冰島的漁產品都感受到中國大陸競爭力的威脅、芬蘭的廠商要將生產線移往中國大陸，甚至與美國比鄰且痛享北美自由貿易協定利益的墨西哥都因爲難以抵抗中國大陸產品而恐慌。看到工廠一個接一個關閉、跨國企業一個接一個轉移到中國大陸或是別的國家、市面充斥著中國的產品，同時中國大陸的外匯存底卻又節節上升，二〇〇三年底達到四千億美元，排名世界第二位，遭遇到威脅的國家很容易把其失業人口增加的問題歸咎於中國大陸的不公平競爭。

引起別的國家恐慌並不是件好事，接踵而來的是要求中國大陸幣值要升值、對大陸產品課徵反傾銷稅、採取產業救濟措施、控訴侵害智慧財產權、要求中國大陸開放市場，甚至要求增加從對手國的採購，這些壓力台灣其實都早就經歷過，現在則一一落在中國大陸身上。

中國大陸雖然基於若干重要考量，例如人民幣升值可能造成出口衰退而使銀行不良債權增加、惡化已經百病叢生的金融體系，因此即使二〇〇二年中至二〇〇三年中的一年當中，美元相對歐元已貶值約二〇%，中國大陸仍舊堅持人民幣釘住美元、人民幣不升值的政策，而企圖以改採開放經常帳與資本帳等方式來平衡國際收支，但預期短時間內仍難見效；而隨著大陸當局逐步開放的腳步，外資仍舊會源源而入。

另一方面，大陸出口快速成長所帶來的國際壓力不僅不會消失，反是會與日俱增，例如在美國方面，紡織業者試圖訴請美國政府採行貿易救濟措施，阻止中國大陸手套、洋裝、女性內衣等紡織品大量進口；美國政府也在二〇〇三年九月宣布在商務部成立「不公平貿易操作調查小組」，以因應導致美國勞工喪失就業機會的來自中國大陸的貿易障礙。

而墨西哥則是眼見其與中國大陸的貿易逆差不斷擴大，製造部門的貿易逆差從二〇〇〇年的二十六億美元擴大到二〇〇二年的五十五億美元；尤其在紡織暨服裝產品，美國市場占了墨西哥出口的九二%以上，墨西哥出口到美國的金額在二〇〇〇至二〇〇二年間是從一百零三億美元退步到九十二億美元，中國大陸卻是從六十億美元增長到七十億美元。一消一長，急得墨西哥呼籲要聯合美國、中美洲與加勒比海市場共同抵抗中國大陸的產品。

各國逼迫中國大陸人民幣貶值既然難以奏效，對中國大陸產品控訴傾銷或採取貿易救濟措施的情形將會越來越多，在二〇〇〇年WTO會員遭到反傾銷調查者計二百七十二件，中國大陸以四十二件居於榜首。另外在二〇〇二年七月至二〇〇三年底，中國大陸出口產品被控傾銷案件包括調查中和課稅中案件總計就高達一百四十件，對出口廠商造成相當大的打擊。（表4-3）

智慧財產權也是中國大陸要面對的另一項課題，不僅仿冒的世界名牌、影音光碟片到處充斥，使用盜版軟體的比率也高居世界第二，達到九〇%以上。即使是台商也無法倖免於難，在中國大陸生產的產品一經推出，很快就可以在市面上找到仿冒品，例如巨大公司生產的捷安特自行車已是知名品牌，最怕的就是當地品質較差的「仿捷

表4-3　中國大陸出口商品被控傾銷案件情形
（2002.7-2003.12）

控訴國	調查中	課稅中	終止或產業無損害
美國	12件	26件	2件
歐盟	6件	15件	1件
印度	11件	8件	-
墨西哥	5件	9件	2件
阿根廷	1件	9件	-
南韓	4件	2件	-
土耳其	5件	1件	-
其他	10件	9件	1件
合計	54件	79件	6件

資料來源：中國大陸商務部產業損害調查局貿易救濟網

車」以低價格、低品質競爭。（表4-4）

尊重智慧財產權已經是世界的潮流，在WTO架構、RTA之下都列為相當重要的項目，中國大陸目前不趕快解決，將來在外貿方面一定會吃足苦頭。

車後失火的油罐車

除了外患，中國大陸還面臨許多的內憂。

最近幾年來，中國大陸實施所謂的積極性財政政策，以擴大內需帶動經濟成長。另方面，開放、改革以來，幅度越大、腳步越快，吸引龐大外資投入基

表4-4　全球使用盜版軟體比率最高的五個國家　單位：%

	1996年	1997年	1998年	1999年	2000年	2001年	2002年
越南	99	98	97	98	97	94	95
中國大陸	96	96	95	91	94	92	92
印尼	97	93	92	85	89	88	90
烏克蘭／其他中亞國家	95	92	93	90	89	87	89
俄羅斯	91	89	92	89	88	87	89

資料來源：BSA, Global Software Piracy Study

礎建設及製造業，加入大陸推動經濟發展的行列。

但是伴隨經濟快速成長，同時衍生許多新的問題，或是使既的有問題更形惡化，包括嚴重的區域發展落差、貧富差距懸殊、不良債款比率偏高、失業率居高不下、法規制度不健全、腐敗情形相當猖獗等。另外中國大陸加入WTO，必須履行高標準的入會承諾，逐步撤除投資障礙、開放市場，將會對爲數驚人卻缺乏競爭力的本土企業造成致命的衝擊，產生連鎖式的負面效應，包括失業率、不良債款等問題。（表4-5）以上不管那一項問題當其負面的能量累積到某一程度，一旦爆發，都會帶來不可收拾的後果。

嚴重的經濟、社會問題會重創經濟中、長期的發展，放緩的經濟成長又會使當前各項問題更形惡化，因此當前的中國大陸就像是一部油灌車後面著了火，一方面必須維持高速的行駛（高度的成長），以防止一旦車速

表4-5　中國大陸加入WTO市場開放承諾

- 市場開放
  - 關稅減讓
    - 工業產品平均關稅2002年11.6％，約束稅率8.9％，2008年前完成
    - 農業產品平均關稅2002年15.8％，約束稅率15.0％，2010年前完成
    - 資訊科技相關產品2005年前降為零
  - 非關稅措施
    - 取消進口許可証：2002年1月1日之後僅保留易製毒化學品等少數項目
    - 廢除進口權利金標售：2004年前逐步廢除。
    - 取消進口配額：62.5％項目立即取消，其餘37.5％除汽車類於2005年取消外，全部於2004年取消
  - 服務貿易業市場開放
    - 開放部分涉及商業、配銷服務、金融服務、運輸服務、觀光及旅遊相關服務業等
    - 逐步取消行業的投資型態（外資比例、控股、獨資）、數量、地域及業務範圍等限制。
  - 體制面市場開放
    - 國營企業及國資企業釋出貿易權、配銷權、維修權
    - 取消貿易有關之投資限制如自製率、外匯平衡、貿易平衡、內外銷比例，放寬外商投資汽車產業限制
    - 開放貿易權

資料來源：取材自經濟部國際貿易局網站

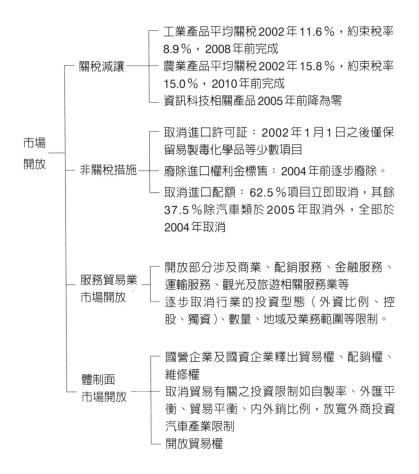

減緩火勢往前蔓延（各項經濟問題惡化），另方面又必須趁此有限的關鍵時刻撲滅火勢。

可以預見的將來，成長與改革是中國大陸在經濟、社會、政治各方面相關政策的兩項重點，缺一不可；任何一頭慢了下來，都會影響另一頭的進展。

以人民幣幣值不升爲例，中國大陸當局雖暫時抵擋住了壓力，使出口可以維持暢旺，但是這是暴風雨前的寧靜，如果不能利用這寶貴的緩衝時刻進行內部再造工程，作好準備工作，一旦外在壓力超過臨界點，人民幣長期被低估所蓄積的反彈力道會逼迫升值是以三級跳的方式直往上竄升，不僅使既有問題惡化的幅度加倍，重創經濟的發展，改革的契機也就此失去。

當然，改造會帶來短期的不確定性，影響企業的投資環境，使短期的風險增高，因而影響經濟成長，但是這又是一條唯一的道路。如何兼顧「成長」與「改革」二者齊頭並進，正是中國大陸當前所面對的最大挑戰。

世界工廠的明天

過去有一部電影，片名是《致命的吸引力》，片中有一幕是一位演員在大雨的情形下，雨傘竟然打不開，情急之餘不禁罵了一句：又是「台灣製造」。

後來又有一部影片，名字是《世界末日》，也發生同樣的案例，不過這次是升格到了科技產品電腦；片中在太空站的電腦發生故障，也被以是「台灣製造」來當理由。

世界工廠又如何？淺碟子的生產活動很容易被取代，廉價的產品像蝗蟲過境一樣入侵各國市場引來反彈也會重傷本國產業，中國大陸要走的應該是「世界大廠」的路子，成爲一座高科技、具創新、有品牌的世界大廠，能夠在技術、市場領導全球產業的發展方向，對消費者提供高附加價值的產品和服務，並且相當重要的一點，要以公平的競爭贏取同業的尊敬。

中國大陸是具有成爲「世界大廠」的本錢。但是要成爲世界大廠，中國大陸先要在大環境方面解決一些根本的課題。

在大環境方面，中國大陸必須讓市場機制充分發揮力量。大陸目前依循的是所謂

的社會主義市場經濟的路線，對投資者來說，根本弄不清楚那究竟是指什麼；投資者所要的，只有一個，那就是「利潤」或「報酬」。

但是在社會主義市場經濟的大纛之下，政府深度主導監管的陰影到處存在，計劃經濟缺乏效率和競爭力的情形也是處處可見。面對WTO入會所帶來的競爭，國有企業的改革工作仍舊擺脫不掉「國有資本的作用是在保障國家安全，支持國民經濟發展」的思想框架。如果作不到讓投資者感覺不到社會主義的存在，不能讓市場機制扮演發揮中國大陸資源潛能的載具，不僅無法面對開放後的競爭，更不必說是走到國際舞台上與競爭者一較長短。

在大環境方面要解決的第二個課題是法規制度或是法治環境的建立。就投資者來說，任何一項投資計畫很少是在短期間之內可以回收的，必須作中、長程的規劃，甚至是永續經營，因此安全、安定的投資環境是必要的條件，法規制度就構成這個投資環境的基礎。

很顯然的，中國大陸在法規制度的建立仍舊落後很多，不僅法令欠缺，透明化程度也不夠，衍生許多糾紛，讓投資者處在一個高度風險的投資環境，到處是陷阱，處處存在著不確定的、隱藏性的成本，腐敗的情形就隨之而生。

依據國際透明化組織（Transparency International）所作的一項調查，在二十一個國家中，被調查者認爲必須行賄才能獲得生意的，中國大陸是排名第二位，僅次於俄羅斯；另在該組織對一○二個國家所作腐敗認知指標（Corruption Perception Index 2002）的調查，最清廉的排最前面，中國大陸與多明尼加、衣索匹亞同列第五十九名，顯見貪污、腐敗是中國大陸亟待改善的投資環境之一。

台商前進中國大陸已有十多年時間，只要詢問任何一家，都可以如數家珍的舉出許多黑暗的事件，例如招商時講盡好話，提供單一窗口服務。等到工廠設立之後，光是應付相關單位的各項規定就疲於奔命（圖4-2）；尤其等到賺錢之後，各種名堂的稅、費繳不完。此外，因爲法規不清楚、不透明，誠信發生問題，被騙而收不到貨款的比比皆是。

法治環境是否能夠健全，將關係外來投資腳步的快慢、跨國企業的長期佈局和布局的深淺。

第三個要解決的課題是要打破各省、市各自保護的壁壘，徹底實施經濟整合。

中國大陸從東到西，由南至北，地大物博，各地有各自的條件和特色，應該依據比較利益原則發展各自的特色產業，使資源可以互通有無，得到最有效率的運用；並

圖4-2　企業經理每年花在應付政府相關管理單位人員的時間

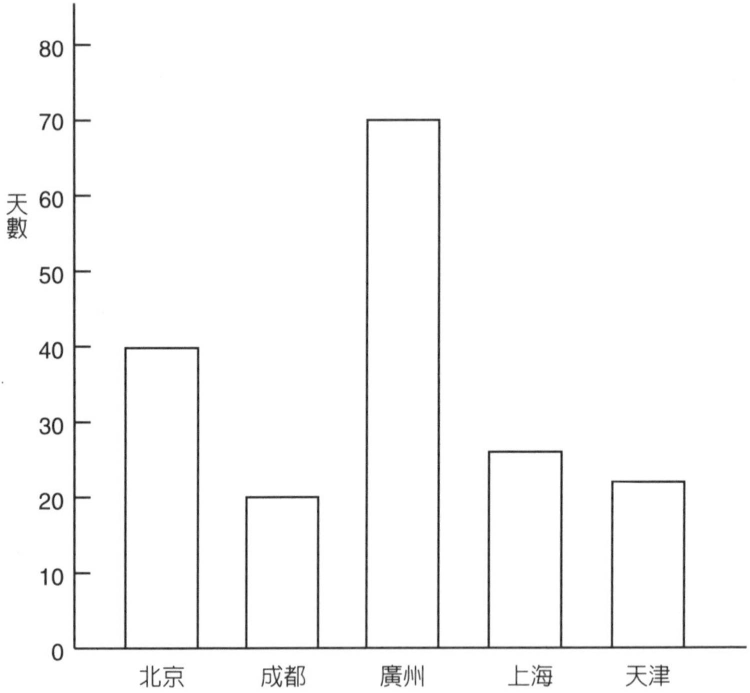

資料來源：Mary Hallward-Driemeier, Scott Wallsten, Lixin Colin Xu 2003. "The Investment Climate and the Firm: Firm-Level Evidence from China, "World Bank Working Paper.

且市場如果能夠整合，可以發揮經濟規模的效益，加速中國大陸經濟的發展腳步。

但是目前在各省、市各自採取地方保護主義，設置各種經濟拒馬實施地區性封鎖，形成所謂的「諸侯經濟」的環境下，本地資金移動性很低，只見外國企業不斷在各省、市擴充，本地企業卻僅能在自己的省、市發展；另一方面爲了保護自身利益，又抵制外省、市產品的進入，彼此互相角力、較勁，形成重複、零碎的產業區塊，無法整合提升競爭力，更使產業紮根困難。

以汽車工業爲例，轎車方面，雖然二〇〇二年總產量已達一百零六萬輛，能夠達到十萬輛以上的，只有上海、吉林；產量在五萬至十萬輛之間的，分散在天津、湖北、重慶、安徽四個地方，剩下的將近十四萬輛更零星分散在年產量不到五萬輛的八個省市；載貨汽車方面也是有同樣的情形。

就全中國大陸來統計，汽車組裝廠達到了一百二十家以上，幾乎每一家都有專屬的零件供應商，彼此不能共用，無法達到量產經濟規模，生產缺乏效率，成本偏高，不僅降低競爭力，也使廠商在投資研究發展、開發關鍵零組件、提升技術層次等方面的意願降低。

在大架構方面作了重大變革，中國大陸才能在厚實的基礎上進行產業政策調整及

表4-6　中國大陸轎車、載貨汽車產量（2002年）

單位：萬輛

	轎車	載貨汽車
全國	106.24	124.53
10萬以上	上海（39.05）吉林（22.69）	吉林（20.55）江西（19.57） 北京（19.17）湖北（13.40） 山東（10.10）
5-10萬	湖北（9.74）天津（9.21） 重慶（6.78）廣東（5.94） 安徽（5.04）	重慶（8.72）廣西（7.03） 安徽（6.60）
5萬以下	江蘇（2.3）陝西（1.05） 湖南（1.55）遼寧（0.94） 北京（0.73）浙江（0.33） 貴州（0.18）湖南（0.11）	江蘇（4.56）雲南（3.68） 河北（2.69）黑龍江（2.43） 四川（1.55）陝西（1.48） 河南（1.13）遼寧（0.79） 廣東（0.42）新疆（0.21） 湖南（0.18）山西（0.07） 福建（0.07）內蒙古（0.03） 浙江（0.02）

（　）：產量

資料來源：取材自中華人民共和國國家統計局

產業結構改造，其中包括：

- 要以提升生產力作爲競爭的基礎，而不是僅僅依賴低廉生產要素永無止境的增加使用，甚至一味的加碼提供投資優惠措施。
- 要擴大外資外部效益，建立本土具競爭力的產業，外資企業在中國大陸的工業產值占三三%，出口值占五〇

%，占有率還在不斷擴大，顯示本國產業發展跟不上外資腳步，也隱含了本國企業受到相當壓抑。尤其中國大陸未來不能長期依賴外資企業，應該借重外資企業引進的管理、技術、市場經驗，以及所培養的優秀人才，同步發展本土企業。

● 要注重產業的均衡發展，輕工業和重工業、高科技工業和勞力密集工業、軟體工業和硬體工業都要並重，甚至招商促進投資等都不應只重視重點對象的推動而忽略上、下游及周邊產業的整體配合。

● 要建立一套機制和配套措施，預先輔導部分產業有次序的外移以轉移出口，避免外國採取報復措施，對產業和「世界工廠」的形象都造成嚴重傷害。

● 要循序漸進，輔導中小企業發展，逐步建立良好的投資環境。產業發展有一定的步驟，社會環境、總體經濟環境、產業環境要同步改善，發展的條件到了某一個程度，產業也才能發展到那個水準，時常看到地方領導為了拼招商業績，卯足全力提供量身訂製的優惠措施、基礎設施、特殊的行政配合，也因此特別重視投資大戶而總忽略中小企業的創設和扶植。這些熱情或許可以撐得了一時，但是難以長久，投資者需要的是一個可以持續成長的環境。

第五章

經貿整合邁向雙贏之路

屋漏又遭連夜雨

新台幣升值、市場開放

兩岸之間經貿的互動要從一九九〇年開始談起，但是要追溯源頭，就要從八〇年代切入。

從發展條件來看，台灣缺乏天然資源，市場狹小，工業產品出口成爲驅動經濟成長最重要的力量。

一九八一年台灣出口到美國的金額只有八十二億美元，到八五年成長到一百四十八億美元，對美貿易順差也從三十四億美元暴增爲一百億美元，年平均成長率高達三一%，美國市場占台灣出口的比重跟著從三六%跳升到四八%。

相對的，美國貿易赤字很湊巧的，也從一九八一年左右開始大幅度增加，引起美國政府部門高度的關切。

於是在美國沈重的壓力下，新台幣兌換一美元的匯率從一九八五年底的三九・八〇在八六年底升爲三五・四五。（圖5-1）許多以外銷爲主的廠商受不了一年內新台幣升值一〇%以上的壓力，紛紛向政府反映：台灣的產品大多數屬於勞力密集，業者獲

圖5-1　新台幣兌換美元（新台幣／美元）趨勢

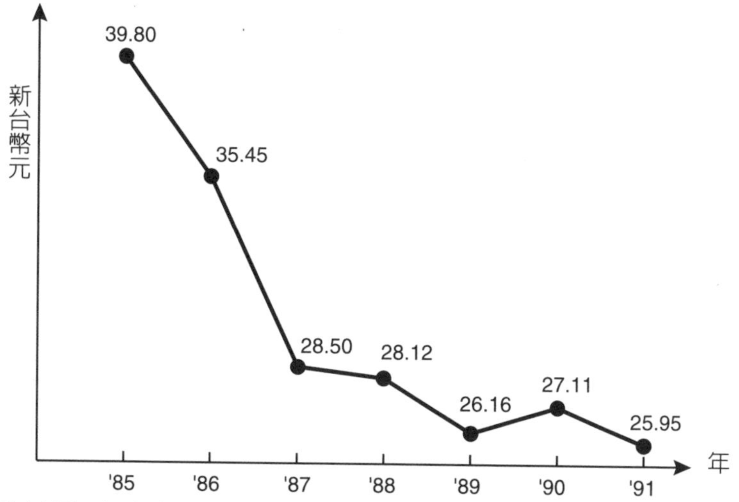

資料來源：行政院經建會，Taiwan Statistical Data Book2003

取的利潤微薄，幣值上揚使出口競爭力降低，廠商難以生存。

話雖如此，一九八六年對美順差依舊擴大到一百三十六億美元。於是八七年新台幣繼續升值，到了年底，匯率升到了二八・五〇，漲幅接近二〇%；但是同樣的遏止不住對美順差擴大的氣勢，一九八七年進一步創下有史以來對美順差最高峰一百六十億美元。毫不意外的，八八年底新台幣匯率又升到二八・一二。（圖5-2）

政府曾經積極向美國表達台灣業者經營的困境，據說美國官員的反應是，爲何看不到有台灣廠商關門？當時就有人開玩笑說，台灣政府應該推

圖5-2　台灣對美國進出口貿易順差與新台幣兌換美元走勢

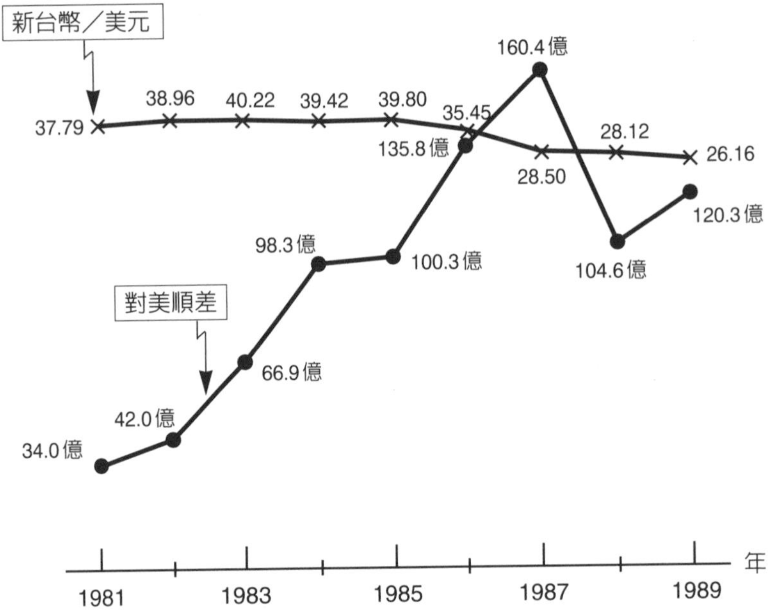

資料來源：取材自行政院經建會，Taiwan Statistical Data Book 2003

派一些廠商代表倒閉給美國瞧瞧。實際上的情形是有甚多的業者是在虧本「流血輸出」，因爲如果不接單生產，銀行很快就會來抽銀根，甚至客戶也會流失掉。

美國的縮減貿易逆差策略是多管齊進，除了以明說、暗示、放話各種途徑逼迫調整匯率，同時要求台灣降低關稅、開放市場、保護美國智慧財產權、擴大對美國採購，美國所依恃的就是威脅要取消優惠關稅待遇、運用綜合貿易法三〇一條

圖5-3　台灣進口關稅平均名目稅率下降趨勢

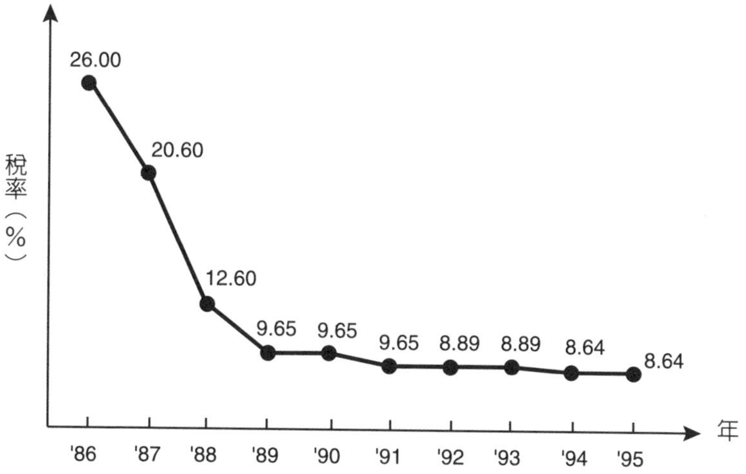

資料來源：財政部

款、超級三○一條款、特別三○一條款實施貿易報復。

在降低關稅方面，台灣總體平均名目關稅稅率從一九八六年的二六％降到八九年的九．六五％（圖5-3）；工業產品平均名目稅率則是從二四．四％降到七．一五％。在那時期，行政院、立法院各政府相關機關每年都忙著在修正海關進口稅則，而且幾乎每次都是修正數千項產品。

此外，美國也陸續經由諮商談判，迫使台灣開放金融業務及菸、酒、火雞肉、鴨肉、水果等產品。台灣爲了表示誠意，還數度籌組採購團赴美採購大宗物資。

勞工不見了

噩夢通常不會只來一次。除了應付新台幣大幅度升值、進口關稅下降外，有一天，廠商忽然發現工人不見了，開始急著找工人。

由於服務業部門急速成長，人力大量湧進餐飲業、KTV業、休閒娛樂等服務業領域，工廠缺人成了普遍現象。有的廠商花了上百萬元刊登廣告，來了幾個人應徵，結果是工作了不到半年就走了一大半。辛苦的工作沒有人要做，加班時段給了加班費也沒有人願意加班，老闆握著手上的訂單卻爲找不到作業員來上班或是沒人要加班而急得直跳腳。

整個製造業所僱用的人力是在一九八七年達到二百八十二萬人的最高點，到了九一年只剩下約二百六十萬人；相對的，服務業部門卻是從三百三十七萬人增加到四百萬人。（表5-1）在缺工的情況下，勞工平均薪資也跟著上升，八七至九一年間平均年增率達到一二%。

環保意識抬頭

一九八八年台灣產業界發生了知名的林園事件，高雄林園石化工業區污水處理廠

表5-1　各部門就業人力

單位：1,000人

年	農業	工業		服務業
			製造業	
1985	1,297	3,088	2,501	3,044
1986	1,317	3,215	2,635	3,201
1987	1,226	3,431	2,821*	3,366
1988	1,112	3,443	2,802	3,551
1989	1,066	3,476	2,796	3,717
1990	1,064	3,382	2,653	3,837
1991	1,093	3,370	2,598	3,977

*：就業人力達最高峰

資料來源：行政院主計處

因爲暴雨而引發污水外溢污染，在各方壓力下，工業區十八家石化廠商共同補償十二億七千多萬元，林園鄉部分村民可獲得數萬元的個人補償。

這個首次補償案例一開，立即引起日益熾烈的環保意識與居民運動。碰到工廠排放黑煙、異味、噪音、爆炸聲或者是放流水顏色有異，立刻會引來居民圍廠抗議、抗爭，要求遷廠、補償。爲了因應環保意識抬頭，環保相關法令趨嚴，另一方面公權力卻無法完全落實，甚至有些地方政府加入環保運動的行列，使相當單純的環保課題演變成嚴重的經濟問題，不僅是許多工廠經營遭遇困難，新設工廠或是既有工廠要擴充，同樣遭遇主管機構審查延宕，遲遲無法取得證照開工，因而延誤商機。

短短不到五年時間，台灣製造業接二連三遭受新台幣狂升、國內市場開放、勞工短缺及薪資上漲、環保意識抬頭等一重又一重打擊，衝擊最大的，就數傳統、勞力密集的出口產業，幾乎已到了走頭無路的地步。

老天爺關了這扇門，會替你開啓另一扇，這句話用在當時如熱鍋上螞蟻的廠商是最恰當不過了。

一九九〇年十月，政府以行政命令公告「准許對大陸地區間接投資或技術合作之產品項目表」，開放三千三百五十三項產品可以對中國大陸間接投資，開放項目占產品總項目數四七％，都是勞力密集產品，讓掙扎中的廠商找到了一線生機。

台商重演「出埃及記」

中國大陸於一九七九年步上開放改革之路後，首先前進中國的是香港企業。

香港企業是在一九八三年後才大量湧進大陸；由於地理之便，多數集中在廣東省。到八六年底，港資企業進入中國大陸已達六千八百家，占外來企業總數八四％，也替日後外國企業進入大陸作好了初步的鋪路工作。

其實在台灣政府公布開放對大陸間接投資之前，依據大陸官方的統計，已有零星的台商在大陸投資。等到台灣政府公佈開放，傳統產業有如找到洩洪的出口，成衣服飾、鞋製品、玩具、傘類、家用電器、自行車、塑膠製品等，各行各業紛紛跟隨港商的腳步前往大陸尋找第二春。

雖然台商都知道中國大陸開放的時間甚短，在舊制度未徹底改革、新制度還沒建立之前，貪污腐敗、詐欺背信的情形到處可見，處處存在高度的商業風險，低廉工資的背後潛伏不確定的隱藏性成本，但是基於（一）台灣生產成本高，競爭力流失；（二）中心廠已經移往大陸，不得不跟著出走；（三）外國買主逼迫前往大陸設廠，否則有轉單的威脅；（四）大陸市場商機龐大，於是只見傳統產業以前仆後繼之姿前進大陸。

在剛開始的前三年，台商大半集中在廣東省，但是從一九九四年開始，江蘇省就超越了廣東。隨著時間的過去，台商投資地點由華南而華東、華北，由沿海而內地。投資規模由小而大，土地一批就是數百畝、員工一僱就是數千人的比比皆是，投資的行業由製造業擴及各行各業，例如餐飲、量販、醫院、KTV、休閒娛樂等，那裏有商機，台商就往那裏鑽。

製造業投資也由傳統產業逐漸往科技產品移動，投資活動從生產提升到設計中心，當地幹部漸漸取代台籍人員的角色。十多年來，台商在中國大陸已經搭起一張遼闊、綿密的經貿網。

由於傳統勞力密集產業前往中國大陸，在當地快速形成完整的產業聚落，重現昔日台灣銳利的競爭力，台灣勞力密集產業的規模飛快縮小。例如從一九九〇至九五年的期間，成衣類出口值從三十二億美元掉到二三．五億美元；鞋類成品及零組件出口值也從三十五億美元萎縮成十四億美元，台灣原來所擁有的多項產品王國的美譽也跟著轉往中國大陸。

在傳統產業快速外移到中國大陸，台灣製造業並未產生預期中「產業空洞化」的嚴重現象，此時主要依靠電腦資訊、通信、半導體等新興科技產業在九〇年代立即補位，成爲製造業的中流砥柱。

在一九九〇至二〇〇〇年的十年期間，台灣出口值年平均成長率八．二％，電子產品年平均成長率則高達一五．二％，出口占有率從一一．五％提升爲二一．四％；資訊通信產品出口年平均成長率一四．六％，出口占有率也從七．五％增加爲一三．

二％。在這段期間，台灣又贏得了「資訊王國」、「ＩＣ代工王國」的名號。

回顧政府自從對大陸投資採行開放政策迄今十餘年，對台灣產業產生了幾項正面的效益。

第一，傳統產業得到了第二春的機會，失去競爭力的產業或低層次產品在中國大陸重生，與台灣的母公司得到共存共榮、互補加強的效果。

第二，藉由投資帶動了貿易的機會，關鍵零組件、材料、機器設備從台灣進口，台灣對大陸貿易順差在二〇〇二年達到二百二十多億美元。

第三，紓解了美國對台灣的壓力，美國占台灣出口的比重已經從一九八四年的四九％降爲二〇〇二年的二〇％；台灣對美國的貿易順差則從一九八七年的最高點一百六十四億美元一路降到九五年的五十六億美元。

第四，部分傳統產業外移後，所騰出來的空間，包括人力、土地、資金、水、電等生產資源，恰好爲新興科技產業發展所接手使用，使科技產業在既有基礎上得以最短時間掌握世界市場成長的機會而順勢蓬勃發展。

第五，企業競爭力因規模擴大而提升。不管是傳統產業或是科技企業到中國大陸設廠，由於當地人力充沛、土地低廉、市場龐大，生產規模都是台灣的好幾倍，營業

額快速成長，使企業在國際市場上的競爭力、影響力大幅提升，加速成爲國際級企業。

當然，毫無疑問的，開放台商前進中國大陸對於台灣產業或經濟的影響並不是有百利而無一害，例如原有廠商結束或縮小在台業務，可能造成失業問題；在大陸投資事業如果虧損，可能拖累台灣母公司；企業只顧投資大陸，可能喪失繼續在台灣投資的動能等。要瞭解台灣在經貿上可能產生的嚴重後果。必須從中國大陸的發展、作爲及所展現的力量作較完整深入的分析，在這裏可以先以香港作個例子來說明。

以香港爲鏡

香港不管是在地理或是語言、文化等方面和中國大陸的距離都是最近，受到中國大陸的衝擊也最大。

在中國大陸改革、開放之前，香港的製造業始終是重要支柱產業。一九八〇年香港工業部門（含製造業）占國內生產毛額三二%，其中製造業猶占二四%；服務部門占六七%，農業占一%。

一九七九年中國大陸開放之後，港商在最初的三、四年處在試探階段，之後就加快腳步外移深圳及深入珠江三角洲，成爲廣東最重要的外來投資。電子、紡織成衣等製造業大舉外移的結果，到了九〇年代，工業部門占國內生產毛額比重降爲二五%，其中製造業降爲一八%，服務部門提升到七五%。到了二〇〇〇年，工業部門更減至一五%，製造業則僅占六%，可見香港的製造業在中國大陸巨大的磁吸力量推拉下，顯得完全的無招架之力。（表5-2）

在製造業逐漸往深圳、廣東移動時，香港政府也瞭解大勢所趨，因此致力於自由化、健全法令、提升政府效能、強化基礎建設，使香港在九〇年代逐漸轉型爲金融附加價值中心、轉運中心、旅遊中心。到了二〇〇二年，香港大約有二百三十家銀行機構、一百家外資銀行辦事處，成爲全球最大的銀行中心之一，也是全球第七大外匯市場，香港交易所是亞洲第二大証券交易所、全球第九大股票市場。而就貨櫃裝卸量而言，二〇〇二年香港達到一千八百六十萬個標準貨櫃，排名全球第一。（圖5-4）

在香港轉型的過程中，缺少了製造業的支撐，資金大舉流入房地產、金融市場，產生了泡沫現象，房地產價格不斷爬升，利率節節升高；等到亞洲金融風暴發生，房地產價格下跌、股市下滑，旅遊、金融、百貨零售等各行各業大受影響，失業率在九

圖5-4　香港與中國大陸的互動

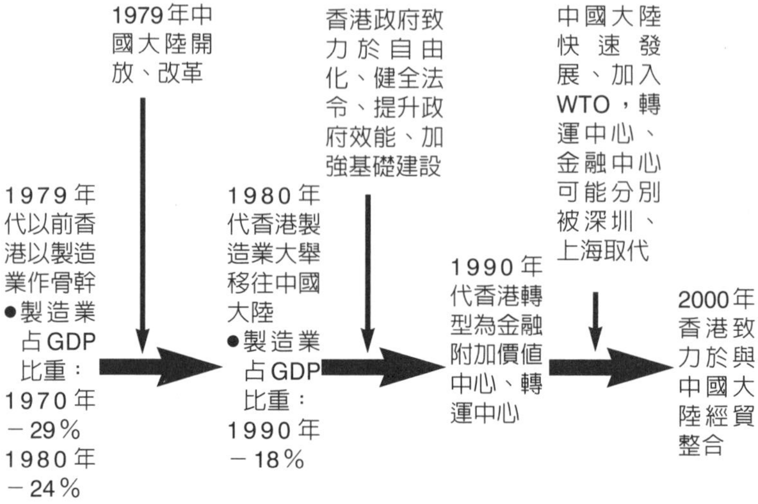

表5-2　香港各產業部門占GDP比重

單位%

年	農業	工業		服務業
			製造業	
1970	2	36	29	62
1980	1	32	24	67
1990	0	25	18	75
1995	0	17	9	83
2001	0	13	5	87

資料來源：行政院經建會，Taiwan Statistical Data Book

九年升至六・二%，物價上漲率年年負成長。

另外，在香港的頭牌產業，也就是轉運中心業務方面，雖然香港具有管理人才、金融結匯、資訊通信、通關效率、航班密度等方面的優勢條件，但是碼頭使用費、用人費高，而隨著對岸珠三角的快速成長，深圳碼頭建設跟著迅速發展，國內、外航線網絡日趨完善，尤其握有廣大腹地、充足貨源的優勢條件，對香港日漸形成競爭性取代作用。以二〇〇二年而言，香港貨櫃裝卸量仍居世界第一，但成長率僅爲三・九%；相對的，深圳成長率高達五〇%，裝卸量世界排名從二〇〇一年的第八名躍升至第六名，擠下荷蘭鹿特丹和美國洛杉磯。

尤其二〇〇一年中國大陸成爲世貿組織的成員後，香港更爲擔心，在中國大陸快速發展的競爭下，金融中心的地位可能被上海所取代，轉運中心的角色可能被深圳所搶走；同時面對銀行、會計、航空、建築等服務業也正將附加價值較低的後勤作業（如資料處理）的工作移往廣東、深圳，使香港當局面臨嚴峻的挑戰。

爲了減輕中國大陸的影響，香港一方面強調要加強金融、物流、旅遊、工商業支援服務等香港支柱產業的競爭力，例如利用香港卓越的法治基礎、高標準的公司治理等提高香港作爲亞洲的國際金融中心和中國大陸首選的集資中心的地位；另一方面香港致力於和中國大陸進行經貿整合，包括研究開發邊境河套區爲特別區域，可舉辦中國貿易博覽會，將香港提升爲連接中國大陸和國外兩個市場的樞紐。

從香港近二十年的發展，可以得到幾個結論：

- 緊鄰中國大陸，必須時時刻刻注意及早因應中國大陸的快速發展。對香港而言，中國大陸前後發揮了「磁吸效應」與「取代效應」。一九七九年中國大陸改革開放，對香港製造業產生磁吸效應，使之空洞化。幸好香港即時轉型爲金融附加價值中心、轉運中心，扮演中國大陸之門戶的角色。但是隨著中國大陸的建設、發展，對香港又漸起了取代效應，香港的金融、轉運中心的角色受到了深圳、上海等地的挑戰。面對此種競爭威脅，最重要的是持續去建立和中國大陸具有差異化的優勢條件。
- 經濟命脈必須掌握在自己手上。早期香港憑恃自己的力量走出自己的道路，成爲亞洲四小龍之一。進入八〇、九〇年代，香港又自己進行成功的轉型，但也同時逐漸加深對中國大陸的依賴；尤其九七年回歸中國之後，更是加速流失昔日獨立自主的特色，甚至未來與中國大陸的經貿整合都必須仰賴對方的善意或施惠。在這股向大陸傾斜的潮流中，香港必須很清楚、很堅持的掌握發展的關

鍵要素，才能再次成功的走出另一條道路。

● 由於製造業大量流失，造成香港在經濟發展上產生結構性缺失，僅是依賴貿易、房地產、航運、觀光旅遊等，無法長期支撐香港成爲國際金融中心，並且難以發展具有規模的高附加價值、創新活力強的現代化服務業，在與中國大陸經貿整合的過程中，香港必須重新建立新的「核心產業」。

● 在同樣面臨中國大陸「磁吸效應」與「取代效應」的威脅下，缺乏香港與中國大陸之間特有的地理與政治關係，台灣更需要預先思考如何創造與中國大陸有明顯差異化、具價值特色的新的競爭優勢。

磁吸效應與取代效應雙路夾擊台灣

中國大陸對香港所造成的磁吸效應和取代效應同樣發生在台灣。

從一九九一至二〇〇二年的十年間，台商獲准前往中國大陸投資的金額累計達到二百六十六億美元，占台灣對外投資的比重高達四八%。實際上的數字應該還高於官方的統計，以一九九七、九八兩年政府開放補辦登記爲例，補辦而經過核准的金額是三十二億美元，就和那兩年新申請獲准的案件金額三十一億美元相當，顯示有許多廠商並沒有向政府申請核准就到中國大陸投資去了。

再拿上市上櫃的企業來看，截至二〇〇三年上半，台灣已有四百二十四家上市公司赴大陸投資，占了六四%；上櫃公司前往大陸投資的有三百九十八家，也占全部上櫃公司的五六%。另外，全部上櫃公司截至二〇〇二年底合計匯出新台幣二千五百億元至大陸投資，二〇〇三年上半暴增至三千一百七十七億元，增加了六百七十二億元，短短半年增長二七%。

由於台商熱中投資大陸，促使產業加速外移。在開放赴大陸投資初期，台灣辛苦經營數十年的傳統產業在五年之內已經移掉一大半。台灣關廠歇業的工廠在一九八七年只有二千二百家，到了一九九〇年代陡增爲七千五百家，此後每年大都維持在五千至七千家的範圍。到了九六至九九年間，資訊產業掀起新一波前進大陸的熱潮，兩岸之間在新一代產品的發展幾乎是同時佈局，時間落差逐步縮減。例如液晶顯示器產業當前是台灣所謂「兩兆雙星」的主力產業之一，但是下游的面板模組已經在中國大陸同步紮根。

以資訊硬體產業來看，一九九七年台商在中國大陸生產的比重僅有二三%，到了二〇〇二年大幅度升到了四七％；在全球資訊硬體產值的排名中，台灣原來位居第三位，現在卻落後美國、中國大陸、日本，退到了第四名，換句話說，中國大陸在產值方面已經取代了台灣，並且把台灣的排名推得更遠。

另外就貿易來看，從一九九一至二〇〇一年，台灣貨品出口的年平均成長率（CGR）只有四・九％，但是對中國大陸出口的平均成長率卻高達一三・三％。於二〇〇二年台灣對大陸的出口達到二百九十四億美元，占台灣總出口的二二・五％，中國大陸成爲台灣第一大出口市場，台灣也成爲大陸第二大進口來源，僅次於日本；而在進口方面，台灣只從大陸進口了七十九億美元，使得台灣享有二百一十五億美元的貿易順差。兩岸之間的貿易總額達到三百七十四億美元，占台灣貨品總貿易額的一五・四％，台灣爲大陸第四大貿易伙伴。

在國際貿易上，台灣對中國大陸貿易順差的二百一十五億美元也許只是一個數字，但是對台灣卻顯示了相當重要的訊息。在二〇〇二年，台灣的貿易順差是一百八十一億美元，創下歷史上僅次於一九八七年的第二高紀錄，第二大順差來源是美國，順差只有八十六億美元，只及對中國大陸順差的四〇％，而且自一九九九年以來一直呈現萎縮趨勢；第三順差來源是荷蘭，順差更只有二十三億美元，也只及對大陸順差

圖5-5 台灣經濟成長對中國大陸依賴加深

台灣經濟成長率之構成比（%）

	經濟成長率(%) =	民間消費 +	政府消費 +	固定投資 +	存貨變動 +	商品及勞務之輸出 −	商品及勞務之輸入
1999	5.42	3.25	-0.92	0.42	-0.89	5.65	2.10
2002	3.59	1.23	-0.02	-0.41	0.16	5.26	2.63

→ 經濟成長率對商品及勞務之輸出／入順差依賴越來越大

台灣對三大順差國之順差（億美元）

	1999年	2002年
中國大陸	167	215
美國	112	86
荷蘭	25	23

→ 商品貿易順差越來越依賴中國大陸之順差

↓ 台灣經濟成長率越來越依賴中國大陸之貿易順差

資料來源：取材自經濟部，經濟統計指標

的一一%。由以上可見，台灣在出口和貿易順差對中國大陸的依賴已是相當的重。（圖5-5）

另外，從國內生產毛額（GDP）的構成來看，民間消費、政府消費、固定投資、存貨變動、商品及勞務之輸出／入是六大要素，二○○○年以前，對經濟成長率（即GDP成長率）貢獻最大的是民間消費和商品及勞務之輸出／入，但是近二年多來，民間消費一蹶不振，商品及勞務的輸出／入就扛起了帶動經濟成長的重責大任。

由於經濟成長對貿易加重依賴，以及貿易對中國依賴加深，台

圖5-6　東亞各國及美國平均名目關稅稅率（執行稅率）

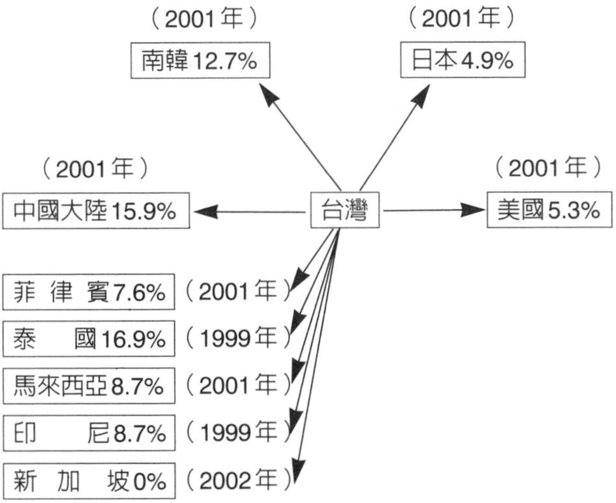

資料來源：WTO資料IDB CD-ROM Release 10 June 2003

灣在經濟發展上已經快速深入中國大陸風險的暴風圈中，中國大陸內部所存在的各種嚴重的經濟、社會、政治問題，以及爲改革各項問題所帶來的不確定性、不穩定性，加上外部因爲展現出無人可抵擋的出口競爭力而陸續遭受的各種壓力，在連動作用力下，都可能一一轉化爲影響台灣未來經濟發展的重要因素，同等成爲台灣所要面對的重要課題。

台商前進中國大陸、台灣對出口至中國大陸的依賴是否到此爲止？當然是不會，而且可能腳步還會加快。中國大陸在二○○一年十

二月十一日加入WTO，將陸續執行在關稅與非關稅減讓、服務業市場開放等的承諾，不斷開放投資和市場，加上隨著經濟的成長而產生的各種商機，甚至藉著舉辦各種世界級的活動如奧運、博覽會，都將吸引一波又一波的台灣的資金、人才、產業蜂湧而入，向中國大陸傾斜的情形只會更加嚴重。

另一方面，和香港的遭遇一樣，中國大陸的快速發展在越來越多領域和台灣產生了競爭現象，在爭取成爲轉運、金融、集資、研發、會議展示、營運總部等區域中心的目標上，中國大陸展現了強大的競爭力，讓台灣面臨嚴峻的競爭威脅。

單以轉運爲例，中國大陸各個港口的貨櫃是經由香港、台灣的高雄、南韓的釜山、日本的神戶進行集散，但是目前大陸當局已選擇浙江舟山群島的大小洋山積極建港，目的在成爲上海的樞紐港，預期很快的，洋山港將對高雄港的轉運地位造成取代效應。

台灣被迫處於世界經濟角落

隨著中國大陸加快開放的腳步，並且成爲WTO成員，大陸當局亟欲在既有的政治、軍事影響力之外，利用龐大商機所蓄積的經濟力量在世界經貿舞台扮演要角，甚至將市場商機與軍事、政治交互整體運用，戮力成為世界超級強權。

在商機方面，僅是一項西氣東輸的計畫，把位在新疆塔里木盆地的天然氣經由四千公里的管線，穿越戈壁沙漠、黃土高原、重重山脈、黃河、長江，輸送到上海，整體投資近一千五百億人民幣，相當於新台幣六千多億，吸引許許多多世界級跨國公司前往搶食。

再看預定二○○八年北京奧運舉行之前必須建成通車的京滬（北京—上海）高速鐵路，全長一千四百公里，工程經費估計也要二百五十億美元。

又如各大航空製造公司經常運用政治力干預的航空市場，依據中國大陸的估計，截至二○二一年大陸所要採購的新飛機約一千八百架，其中屬於汰換老舊飛機的數量占二○%，八○%則屬於市場成長的新需求。如果把台灣和大陸作個比較，在二○○○年至二○○二年之間，台灣向美國波音公司採購十七架飛機，中國大陸卻購買了五十七架，約為台灣的三．四倍。

有了龐大市場商機作堅強的後盾，加上經濟發展所累積的實力，使中國大陸可以在國際舞台有更寬廣的揮灑空間。

中國大陸在二〇〇一年五月加入「曼谷協定」，和南韓、寮國、南亞的印度、孟加拉、斯里蘭卡共同爲該協定的成員，加強大陸和南亞、東北亞的經貿關係。中亞方面，大陸則努力推動與哈薩克、吉爾吉斯、俄羅斯、塔吉克、烏茲別克所組成的上海合作組織在軍事合作之外加強經貿合作。

在東南亞方面，中國大陸除了積極參與湄公河流域經濟開發計畫，加強與邊境國家的經濟結合，並且加速推動與東南亞國協（簡稱東協）十國建立自由貿易區。（表5-3）

依據中國大陸與東協在二〇〇二年所簽署的「中國—東協全面經濟合作框架協議」，談判工作於二〇〇二年啓動，二〇〇四年六月結束，二〇〇五年一月正式啓動雙邊關稅減讓計畫，到了二〇一〇年先與汶萊、印尼、馬來西亞、菲律賓、新加坡、泰國實施自由貿易區，至於緬甸、寮國、柬埔寨、越南則於二〇一五年完成。

而在中國大陸與東協十國推進自由貿易區的同時，亦不忘記在二〇〇二年六月公開表明，凡是與中國建交的國家，與台灣展開經貿關係時，一定要遵循「一個中國」原則；若這些國家與台灣簽訂自由貿易協定，必定會替他們自己帶來政治麻煩。由於這項表示，以及中國大陸的一些政治動作，使得亞太地區原本有意願和台灣洽簽自由

表5-3　中國大陸占東亞各國出／進口比重

單位：%

		2000年	2002年
日本	出口	6.3	9.6
	進口	14.5	18.3
南韓	出口	10.7	14.5
	進口	8.0	11.6
新加坡	出口	3.9	5.5
	進口	5.3	7.6
泰國	出口	4.1	5.2
	進口	5.5	7.6
馬來西亞	出口	3.1	5.6
	進口	4.0	7.7
菲律賓	出口	1.7	3.9
	進口	2.3	3.5
印尼	出口	4.5	5.1
	進口	6.0	7.8

註：由中國大陸占東亞各國出／進口比重逐年提升，顯示其間的貿易關係越來越密切，提高彼此建構自由貿易區的意願。

資料來源：東亞各國海關統計資料

表5-4 東亞各國簽署自由貿易協定概況

一、東北亞

- 日本
  - 已簽署：新加坡
  - 洽簽中：墨西哥、東協、中國大陸、南韓、馬來西亞、泰國、菲律賓、澳門、印尼
- 南韓
  - 已簽署：智利
  - 洽簽中：日本、新加坡、中國大陸

二、中國大陸與台灣

- 中國大陸
  - 已簽署：香港、澳門
  - 已簽框架協議：東協
- 台灣——已簽署：巴拿馬

三、東南亞

- 東協（十國）
  - 正朝落實自由貿易區推動中
  - 已簽框架協議：中國大陸、日本、印度
- 新加坡
  - 已簽署：日本、紐西蘭、澳洲、美國、歐洲自由協會
  - 洽簽中：約旦、加拿大、南韓、印度、斯里蘭卡、中國大陸、巴林、智利加紐西蘭
- 泰國
  - 已簽署：中國大陸（提早實施二百餘項農產品免關稅）
  - 洽簽中：秘魯、印度、美國

四、南亞

- 南亞（七國）——同意在二〇〇六年成立自由貿易區
- 南亞四國（印度、斯里蘭卡、不丹、尼泊爾）與東協兩國（泰國、緬甸）同意在二〇一七年前成立自由貿易區

註1：洽簽中包括談判中、可行性研究中、已表達意願等。

註2：東協六個原始會員從1993年開始降稅時，平均稅率12.8%，至2003年中，已降到2.4%，目標為2010年完全免除進口關稅；四個新會員則遲至2015年始完全免關稅。

貿易協定的國家都打了退堂鼓。

在亞洲區域，可以明顯看到洽簽自由貿易協定成爲一項新的運動，尤其墨西哥坎昆WTO部長會議失敗之後，幾乎每一個國家都在積極尋找洽簽伙伴。（表5-4）

南韓於二〇〇二年十月與智利完成自由貿易協定談判，是南韓第一項協定。新加坡與日本、紐西蘭、歐洲自由貿易協會（EFTA）、澳洲、美國之自由貿易協定均已生效，正進行中的有約旦、加拿大、南韓、印度、斯里蘭卡等。此外，新加坡又與智利及紐西蘭進行三國會談之中，將來會共同簽署協定。

日本除了與新加坡完成自由貿易協定外，也積極和墨西哥洽簽，但因農業問題無法突破而破裂。另外日本、南韓兩國同意於二〇〇三年展開談判工作，並在二〇〇五年完成洽簽；日本與馬來西亞的協定談判也於二〇〇四年一月展開，下一波主要洽簽對象包括泰國、菲律賓。

在東南亞地區除了新加坡外，泰國最爲積極，已經和秘魯、印度訂於二〇〇三年內展開談判，於二〇〇四年初與美國開始談判；與中國大陸之間更提早施行二百餘項水果、蔬菜農產品免除關稅，預計二〇一〇年完全廢除關稅。

澳洲和紐西蘭老早就完成了「緊密經濟關係協定」的簽署。

東協於一九九二年形成自由貿易區後，目前正朝落實自由化推進。對外方面，東協除了與中國大陸簽署全面經濟合作框架協議，也相繼和日本、印度簽署了類似的協議，準備展開諮商和談判的工作。

南亞七國包括印度、巴基斯坦、斯里蘭卡、尼泊爾、孟加拉、不丹與馬爾地夫初步同意在二〇〇六年正式成立南亞自由貿易區，人口將超過十五億。另外，南亞、印度、斯里蘭卡、不丹也與東協泰國、緬甸共同通過在二〇一七年前組織自由貿易區的協議。

中國大陸又與香港在二〇〇三年六月簽署「更緊密經貿關係安排」（CEPA），自二〇〇四年一月開始分階段免除進口關稅、放寬香港十八類服務業進入大陸市場限制、降低香港銀行進軍大陸的門檻等；隨後中國大陸也在十月與澳門簽下類似的CEPA。

回頭看看台灣。

台灣目前最大的三個貿易夥伴是美國、日本與中國大陸。在美國方面，美國政府曾經表明洽簽自由貿易協定的對象要考慮的因素是：

- 洽簽對象的經濟規模及對美出口經濟的重要性；

●洽簽對象是否已擬接受一個具廣泛內容的自由貿易協定，特別是智慧財產權保護及電子商務等條款；

●洽簽對象必須是有助於美國在WTO多邊貿易談判或區域自由貿易協定（如美洲自由貿易協定）談判。

●有助於強化洽簽對象的民主政治及經濟改革。

●洽簽對象須符合美國會重要議員及國內選民的需求。

依據美國行政部門的名單，台灣並不在優先排名之內。

日本方面，日本從來就是最顧忌中國大陸的國家，依據日本外務省的自由貿易協定策略，洽簽協定的五個考量因素是：經濟層面、地理層面、政治與外交層面、可行性層面，以及時間有關層面。日本已將台灣排除在優先洽簽名單之外，表面的理由是台灣的關稅稅率已經甚低，與台灣簽署自由貿易協定對雙方不會產生太大的利益，完全漠視日本是台灣最大的進口國家。

中國大陸方面，大陸與香港、澳門簽署的文件稱爲「安排」而非「協定」，已經凸顯出中國大陸主權國家地位的意義，以及一國兩制的政治框架。在此框架下，台灣要和中國大陸簽署「協定」或是「安排」，可以說是難上加難。

在亞太地區不能洽簽自由貿易協定究竟會有什麼影響？這可以從簽署協定成爲自由貿易區所產生的兩方面的效果來看。

在經濟層面，成爲自由貿易區主要有兩種效益，一個是創造規模效益和競爭效益—成員國之間撤除投資與貿易各種障礙，市場擴大，產生規模效果和促進區域內競爭，可以吸引外來投資和提升效率。另一項是貿易與區位效益—由於撤除關稅，購買者或顧客會將需求從非成員國轉移至成員國，產生貿易創造與轉移現象。

至於政治層面的好處主要有三種，一是相對於非成員國，可以藉區域協定提高國家安全；其次是藉著協定可以在國際上藉著群體力量提升對非成員的談判力量；第三是藉著簽署協定可以促使國內對承諾條款進行改革。

當然，台灣在亞太地區不能加入自由貿易區的衝擊有多大還要視該地區的發展趨勢而定，例如發展的腳步、協定的深度和廣度，以及WTO新回合談判的結果等。全球所簽署的協定有些確實發揮了作用，名存實亡的亦不在少數。但是閉起眼睛想一想，如果有一天日本、南韓與中國大陸簽署了自由貿易協定，日本、南韓的產品出口到中國大陸是零關稅，台灣產品要繳一〇%的關稅，那將會對台灣產生什麼樣的災難？更何況，如果是東協加上中國大陸、日本、南韓，構成一條東亞的自由貿易城牆，甚至延伸到南亞七國，台灣不僅被邊緣化，那已經是被角落化了。

中國大陸是否不再需要台灣

中國大陸的經濟實力一天比一天強，想在全球經貿舞台發揮主導地位的企圖心也相當明顯，台灣的國際經貿發展空間將因中國大陸的政治干預而遭受嚴重威脅。台灣認爲中國大陸快速發展，台商有重大的貢獻；中國大陸的看法卻是完全不同，認爲大陸給了台商發財的機會，不需要感謝台灣什麼。

但是，在國際經貿舞台打壓台灣，迫使台灣被邊緣化、角落化，對中國大陸是不是只有好處？中國大陸是不是已經強大到不需要再靠台灣的資源或是協助？

中國大陸近二十餘年來的發展，尤其是最近十年的快速進步，主要是因爲在一九五〇至一九八〇年歷經將近三十年的閉鎖壓抑，一旦獲得開放後在市場與生產資源兩方面所呈現的自然反彈現象。

在開放初期，大陸展現的是初級市場需求，使用的是初級的生產要素。但是隨著發展的腳步，中國大陸越來越需要較高級的生產要素、更完整的產業支援體系、更精緻的市場需求和服務、自由公平競爭的市場環境、安全穩定的社會體系的支撐。而由於中國大陸發展的速度太快，這些更高級、更精緻的發展條件無法在短時間之內完全由其內部獨自創造出來，如果要維持當前發展的腳程，需要更多外來的協助。

那麼，中國大陸需要什麼？外來資金當然是越多越好，但是對中國大陸更有價值的應該是產業，包括產業所帶進來的人才、技術、生產、行銷、管理各方面的能力和能量，這些正好是台灣的專長。

香港的製造業移出到中國大陸之後，就幾乎消失了，對中國大陸的貢獻也就後繼無力，現在反要靠大陸的援助。

反觀台灣，傳統產業前往大陸之後，還有一部分留在台灣致力於升級的工作，提升產品附加價值。另一方面，新興科技產業一波接一波源源不斷的新長出來，經過相當時間後，又前往大陸進行兩岸產業分工。台灣對大陸而言，應該就像一隻會下金雞蛋的母雞，金雞蛋一個接一個不停的生下來。

以二〇〇二年為例，中國大陸出口第一大就是台灣鴻海轉投資的深圳鴻富錦精密工業公司，出口金額達到四十億美元。在出口前二百大企業中，外商有八十七家，台資企業就占了二十二家，出口金額一百六十億美元，占前二百大的一六．五%，占外商出口的三六．七％，足見台商在大陸出口具有舉足輕重的地位。

即便是如此，台灣的製造業仍是持續在發展，十年前有九萬多家工廠，今天還是有九萬多家；只是今天的九萬多家工廠已經有一大半不是十年前的九萬多家工廠，是一群更有活力的工廠，對中國大陸來說，絕對是會下更多金雞蛋的母雞，能夠說不需要靠台灣了嗎？

此外，與其他外資企業相較，台商基於語言、文化的相近，對中國社會的瞭解，最能夠深入中國大陸的每一角落，也最能夠發揮投資的外部效益。能夠將產業聚落從華南擴散到華中、華北，從東部沿海延伸到西部內陸的，首推台商。台灣企業經過數十年的努力所累積的生產技術、管理經驗、市場拓展能力也藉本土化、當地化而擴散到大陸的產業界，並且發揮前向、後向整合的產業關聯效果，帶動當地產業的發展，這些都是中國大陸所需要的無形資產。

不久前，有一個世界級的航太跨國企業在中國大陸的國際採購部門氣急敗壞的前來台灣，目的是要尋找合格的供應商。那個採購部門已經在大陸花了數年的時間洽談合作伙伴，卻一直無法達到所要求的水準和採購目標。眼看時間一天一天過去，進展相當有限，只好急著前來台灣尋求解決燃眉之急，這家航太公司的遭遇正反映出兩岸之間是存在著產業差距，能不能將此種差距轉化爲兩岸雙贏的局面，就看中國大陸當局能不能有具智慧的策略性思維。

推動經貿整合邁向雙贏之路

非常明顯的，台灣和中國大陸之間有許多可以互補的地方；當然兩岸之間的經貿往來在某些方面也會產生相當程度的衝擊，例如大陸的磁吸和取代效應，這些衝擊的產生多半是市場力量所造成的，人爲力量所能干預的效果不僅是有限，而且其成效往往只限於短期；避免衝擊最有效的方法是採取積極作爲，建立自己擁有的獨特優勢條件。

至於可以互補的地方，兩岸之間在有共識的基礎上，可以採取更正面的作爲，讓經濟效益發揮出來。就目前的局勢而言，兩岸之間可以同時從三個方面推進，一是解除管制措施，一是經貿合作，另一則是推動經貿整合。

在解除管制方面，基於政治和安全方面考量，兩岸之間在人員、資金、投資、貨品、交通往來等方面有許多的限制，因此也限制了兩岸讓資源及優勢條件作最有效的運用，其後果是流失掉許多的市場機會和經濟、產業發展機會，甚至妨礙自己建立競爭地位的時機，反而讓第三者得利而得到強化其競爭的機會。

例如台灣對直接投資的限制，台商必須繞道香港再前往大陸投資，讓香港的區域營運總部和金融服務中心的地位更爲穩固；對直航的限制，也加強了香港的轉口樞紐地位；對於台商回台上市的限制，迫使優質的台商在中國大陸當地或是前往香港掛牌，也使台灣資本市場流失優秀的案源。

對於兩岸之間有關經貿的限制規定應該從正面、積極、策略性的角度，在建置好防火牆的機置後，從可以操之在我的部分進行「去管制化」，再逐步推進到需要兩岸進行協商才能完成去管制的部分。

至於推動經貿合作，應該是可以立即進行，也是比較容易推動的部分，其合作範圍可以包括產業和開發建設計畫，關鍵在於雙方是否都能以正面、積極的態度來促成，例如產業合作領域，中國大陸有龐大的市場機會，台灣有豐富的國際經驗和設計開發、生產能力，兩岸可以在航太商務客機的開發、製造合作，也可以在通信、消費電子的產業規格訂定、關鍵零組件開發組成策略聯盟。基於互補互利的原則，兩岸在經貿方面可以合作的項目是非常多的。

兩岸經貿整合可能是較爲困難的課題，牽涉的問題較廣，也較屬於基本面，但是也可以立即進行，由民間單位先作可行性層次的研究，雙方獲有共識後再逐步推進。

受到現實環境的束縛，兩岸之經貿整合要循其他國家簽署自由貿易協定，或是中國大陸與香港、澳門簽署更緊密經貿關係安排的模式，固然有其高度的困難，如果可以運用誠意、創意和彈性的原則，也可以創造獨特的模式。

兩岸之間最簡單的方式是在世貿組織的框架下純粹從經貿的立場出發，雙方可以先簽署一項架構性的文件，確立策略性目標、基本原則、推進方式，然後循序漸進增加內容的廣度和深度。在此一架構下，兩岸之間可以從若干產業先進行整合；台灣也可以和大陸的特定區域如福建、廣東、江蘇等與台灣有較密切關係的省份進行次區域的整合；台灣甚至可以劃定特區（如自由貿易港區）與中國大陸指定的特區進行經貿整合。凡此種種，都是可以思考的方向。

第六章

台灣產業的活力

台灣是個小島，缺乏天然資源，平地只占三分之一，靠著人民發揮生命的韌性，辛勤奮鬥，終能創造所謂的經濟奇蹟。就像《台灣通史》序所說的：夫台灣固海上之荒島爾！篳路藍縷，以啓山林，至於今是賴。

但是光靠辛勤奮鬥是不足以創造經濟奇蹟，應該還有其他關鍵的成功因素點燃產業的活力，才能孕育今天的成就。多年前，台灣開始要發展ＩＣ（積體電路）產業，旅美學者撰文警告說，世界上有三樣東西只有美國才有能力做，那就是ＩＣ、電腦和汽車。言下之意，台灣是不自量力。今天，ＩＣ和電腦已經成爲台灣最重要的支柱產業，台灣並且成爲全球重要的生產基地。至於汽車，雖然台灣未能創造出類似ＩＣ和電腦一樣傲人的產業，但是已經具備車型設計、底盤設計的能力，同時開發製造出屬於自己的引擎，並且將這份能力帶到中國大陸，拓展大陸的市場。點點滴滴的化不可能爲可能，說明了台灣的可貴在於擁有活力的產業。

爲了一探產業活力的源頭，就先以ＩＣ產業作個例子。

台灣的驕傲——ＩＣ產業

ＩＣ產業是典型兼具技術和資本密集的產業，也是一向由美國、日本、歐洲先進國家大型企業所主導的尖端科技領域。

台灣在相關配合條件都付諸闕如的情況下，短短幾年期間就創造了上、下游合計三、四百家的產業體系，二〇〇二年產值達到一百八十億美元，位居世界排名第四。在ＩＣ晶圓代工領域，台灣的世界占有率甚至達到四分之三，居第一位；設計業占全球二八％，居第二位，可以說是一項產業發展的奇蹟。（圖6-1）

電子產品裡面有許多不同的零件，具有放大功能的關鍵零件眞空管是在一九〇四年問世，其後一九四七年半導體電晶體發明出來，快速取代眞空管的地位；到了一九六〇年ＩＣ發展出來，逐漸成爲電子產品的核心。

相對於半導體的發展過程，台灣的ＩＣ產業歷史應該追溯到一九五八年，國立交通大學在台灣復校，設立電子研究所作爲培養師資的平台，距離電晶體發明不過是十一年時間。到了一九六四年設立電子工程系、電子物理系；一九六五年試驗成功自製的平面式電晶體，開啓了台灣認識半導體科技的大門，四十六年來交大也爲台灣培植

圖6-1　台灣半導體產業結構完整（2002年）

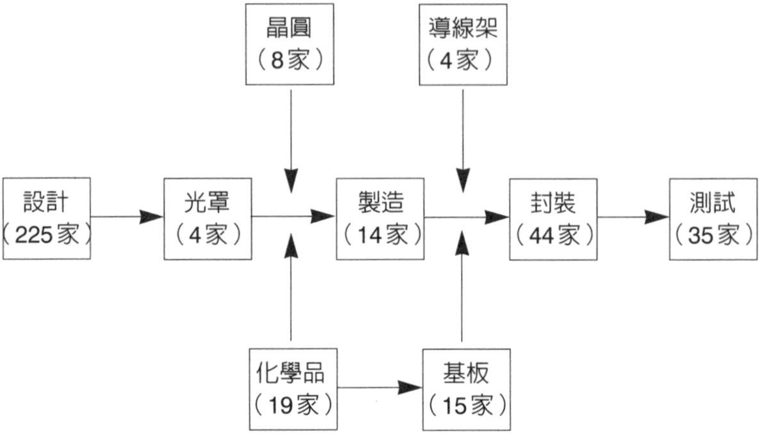

資料來源：經濟部工業局

了無數優秀的半導體人才。

產業技術方面是跟著工業技術研究院（工研院）走的。工研院在一九七三年成立後開始紮根，一九七四年決定在內部增設電子工業研究中心（電子中心），經濟部並同意出資在電子中心設置一座ＩＣ示範工場。一九七六年三月，工研院與美國ＲＣＡ公司簽訂引進ＩＣ技術合約，由ＲＣＡ協助建立示範工場、引進七微米ＩＣ製作技術，工研院並派遣工程師赴美接受訓練。在當時政府財政並不寬裕，一九七六年貿易順差只有五億六千七百萬美元，政府卻一口氣在房屋、設備、技術及服務費用投下了約八百萬美元，也奠定了ＩＣ產業發展的根基。

有了基本的人才、技術，還必須落實到產業。一九七九年聯華電子公司（聯電）成立，由擔任國家工業銀行的交通銀行、電子中心、東元電機等十個單位合力組成投資團隊，並由電子所移轉四吋晶圓的技術給聯電。一九八〇年五月聯電廠房動土，八一年建廠完成、試俥生產。從此開始，台灣有了自己的ＩＣ製造產業。

示範工場計畫之後，經濟部於一九八四年繼續支持工研院進行「超大型積體電路計畫」；同樣的，藉著這個計畫一九八七年成立了台灣積體電路公司（台積電），由電子所（原來的電子中心）移轉六吋晶圓技術，並由政府帶頭結合行政院開發基金、荷商飛利浦公司、台塑等四家石化廠及其他民營公司共同出資，於八八年正式營運。

就在ＩＣ產業逐步成長時刻，一九八〇年科學工業園區組織條例在立法院通過，科學工業園區開始啓動，與周邊的工研院、交通大學與清華大學成爲三足鼎立的ＩＣ產業的家鄉。

當然，台灣ＩＣ產業的發展並不是一帆風順，大部分的公司在成立之後都走過艱辛歲月，遭受到市場景氣波動莫測、財務壓力沈重、技術突破困難種種挑戰，例如聯電成立後，第一（八二）年營運就虧損七千萬元；一九八四年成立的國善電子公司在

八六年就面臨技術瓶頸、資金不足的存亡關頭。於是在一路跌跌撞撞的路程中，台灣不斷蓄積能量，建立長程發展的基礎。到了九〇年代的下半，台灣ＩＣ產業開始快速起飛。

「靜摩擦力」大於「動摩擦力」是物理上的一個現象，曾經推過鹽車的人都知道，要推動載滿粗鹽的鹽車在開始時需要兩個人一起推，等到鹽車滑動後，一個人可以放手，由另外一個人繼續推車即可。

政府在推動ＩＣ產業發展所扮演的角色就是在協助產業克服靜摩擦力，除了在教育系統培養人才之外，一方面繼續支持ＩＣ科技研發，另方面協助新創ＩＣ企業的投資發展。

在科技研發方面，政府首先推動ＩＣ示範工場計畫，後來衍生出聯電公司；其次是進行超大型積體電路計畫，衍生出台積電公司；接著一九九〇年又進行次微米計畫，一九九四年衍生出世界先進公司，也帶動產業界投資八吋晶圓廠。在建立技術、衍生公司、帶動投資之外，更長期投入產業科技研發計畫，最寶貴的是培育出無數的優秀工程師。

除了持續性支持科技研發，在創設聯電、台積電公司時，由於國人對ＩＣ產業是叫好不叫座，缺乏投資的意願，因此由政府出面主導整合，並且分由交通銀行、行政院開發基金領頭參與投資，代表政府支持投資案的決心，也由於有交通銀行、行政院開發基金的投資，長期持有股份，使聯電和台積電可以在穩定的政策性支持下，全心全力於累積競爭能量、尋找市場機會。到了衍生世界先進公司時，已不需要政府的干預，完全由民間企業一手主導，民間企業甚至爭搶加入成立世界先進的投資團隊。

世界市場與股票市場拉推ＩＣ產業進入榮景

全球半導體產業出貨金額在一九九三、九四、九五年分別達到二九％、三二％、四二％的高成長，帶動台灣ＩＣ產業順勢快速發展，如日中天，業績較佳者可以一年賺一個資本額，拉動業者不斷投資、擴充。尤其到了一九九七年，各家晶圓製造公司紛紛端出千億投資計畫，例如台積電和聯電兩公司先後宣布未來十年將投資四千億、五千億元的計畫，台灣茂矽，世界先進、旺宏、德碁等也陸續規劃千億元級的十二吋晶圓廠投資計畫，整個台灣好似掀起了ＩＣ產業投資運動的熱潮。

選擇投入ＩＣ產業，投資競賽就成了一條不歸路。依據產業的經驗，平均一年的

營收有百分之三十要拿出來再投資。不斷擴廠所需要的龐大資金並不是銀行體系所能負擔，一座新的八吋晶圓廠動輒需要十億至十五億美元，此時股票市場就扛起了重責大任。股票市場和銀行有一個重大的不同，銀行重視的是財務報表、過去的成就，股票市場看的則是公司的未來和投資者的信心。

一九九七年台灣股票市場幾乎陷入了瘋狂的狀態，集中市場股票總成交金額達到迄今爲止空前絕後的高峰三十七兆二千四百億元，股價指數（月平均）達到八千四百一十點；聯電股價在七月十七日上達一百七十五元的顛峰。其次是二〇〇〇年總成交值達到三十兆五千二百億元，股價指數也有七千八百四十七點；台積電股價在二月十一日創歷史新高二百二十二元。由於有股票市場加入供應ＩＣ產業投資資金的行列，在一片氣勢如虹的浪潮下，台灣奠定了在全球ＩＣ產業的地位。（圖6-2）

當ＩＣ產業沈浸在歡樂的氣氛中，有一股力量不應該被忽略或遺忘的，那就是海外的人才。

圖6-2　台灣的股市跟著全球半導體市場跑

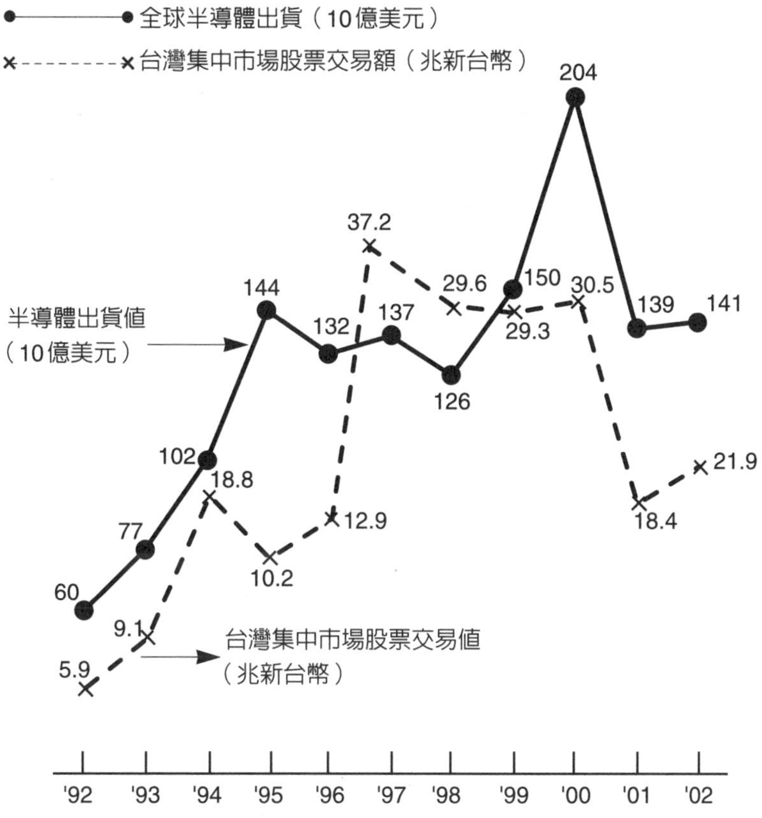

資料來源：台灣證券交易所，SIA

飄洋過海的種子

一九五五年，台灣平均每人國民所得僅有一百九十二美元；一九七○年，亦僅有三百六十美元，甚至到一九八○年也只有二千一百五十五美元。

在那段台灣經濟尚未發達，人民生活仍舊相當辛苦的日子，莘莘學子的願望是考上大學，當然最大的願望是進入台灣大學。大學之後，最大的夢想則是申請獎學金，到美國留學。

因此，當時流行的口號是：來，來台大；去，去美國。

一九五五年，台灣出國留學人數只有七百六十人，七○年約二千人，至八○年增加為五千九百人，到八八年更達到七千一百人。在留學的國家中，九成以上的學生是前往美國。

依據美國的統計，一九五五年來自台灣的學生只有二千五百五十人，至七○年增為一萬二千人，八○年一萬七千五百人，到九○年更增加為三萬一千人。

由於出國留學的學生多半是國家的菁英，出國之後，又多長年滯外不歸，因此在留學潮甚熱的年代，即有部分人士認為留學生使用了政府珍貴的教育資源卻形成楚材晉用的現象，因此建議政府應該採取管制的措施。幸好，政府並沒有採納這樣的建議，也因爲沒有採納這樣的建議，這些留學的菁英一部分成了台灣高科技產業發展的種子。

依據美國官方的調查，在美國的中國科技人員當中，於一九九〇年以前就到美國的，絕大多數是來自台灣，這些來自台灣的菁英對美國高科技產業的發展有相當大的貢獻。

以一九九〇年在美國矽谷工作的科技人員爲例，亞裔人員占了三二%；亞裔人員之中，中國人占了五一%，印度居次占二三%，接下去才是越南人、菲律賓人、日本人、韓國人。換言之，中國人占了美國矽谷科技人員的一六%以上。

另外依據Dun & Bradstreet的報告，一九九八年矽谷高科技公司中，執行長爲中國人的達二千家，約占百分之十七；雇用人員爲四萬一千七百人，約占百分之十；營業額達一百三十二億美元，占百分之十三以上，在在顯示以來自台灣爲主力的中國人已在矽谷高科技產業扮演重要角色。（表6-1）

爲了瞭解第一代移民如何在其母國與美國加州之間建立跨國網路，AnnaLee Saxenian二〇〇一年對矽谷之外國出生的科技專業人員進行了一次大規模調查，據其

表6-1　由中國人或印度人擔任執行長（CEO）的矽谷高科技公司

	公司家數	營業額（百萬美元）	僱用人數
印度人	774	3,588	16,598
中國人	2,001	13,237	41,684
合計	2,775	16,825	58,282
占矽谷高科技公司比例	24%	17%	14%

註：列入統計的中國人或印度人的公司是在1980至1998年成立

資料來源：Dun & Bradstreet, 1998

結果，台灣方面有兩個重要的發現：

- 來自台灣的專業人員有將近一半參與投資創設或經營新設立之公司。
- 來自台灣的專業人員每年回台五次以上的約百分之六，二至四次的約百分之二十，一次的約百分之三十六。（圖6-3）

另外，外來科技專業人員所創設的企業當中，有一半與其母國保持有設立子公司、合資公司、委外合約或其他企業經營的關係。

以上的調查、研究，可以瞭解移民美國的台灣留學生與台灣之間的關係已產生重大的改變，由早期單純的匯款回國轉變爲回國創業、就業，或者在太平洋兩岸建立起綿密的企業合作網路。

圖6-3　移民到矽谷的專業人士因商務理由回到本國的平均次數

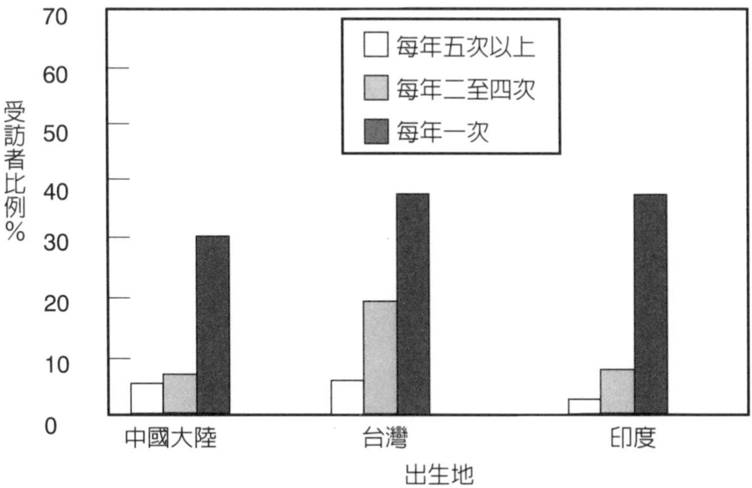

資料來源：AnnaLee Saxenian, Local and Global Networks of Immigrant Professionals in Silicon Valley (2002)

如果回頭拿新竹科學園區作個例子，二〇〇一年底進入科學園區的廠家爲三百一十二家，其中回國學人參與設立的公司達一百二十三家，占了三九．四%，比重不可謂不高。

此外，二〇〇一年底竹科從業人員九萬六千人，其中大學以上學歷占三萬八千三百人，碩士以上一萬八千人，海外歸國學人達四千三百人，若作個比較，海外歸國學人占大學以上從業人員的一一．二%；占碩士學歷以上的二四%，顯見海外回來的人員亦成爲竹科園區發展的骨幹。

於是藉著留學生在兩岸之間所搭起的企業網路，太平洋兩岸的兩谷——美國矽谷與台灣矽谷（竹科）之間也形成了無障礙的產業分工協同合作發展的模式，美國矽谷以其優異的科技環境成爲以技術驅動創新的產業群聚，爲帶動科技革命的引擎，主導產業發展的趨勢；台灣矽谷則因有雄厚的製造基礎與產業結構，因此成爲成本驅帶創新的基地，在商品化、降低成本方面具有高度的競爭力，兩地之間互補共榮，加速了台灣ＩＣ產業、電腦資訊產業的發展。

檢討過去太平洋兩岸之間之所以能創造出世所罕見的跨國產業合作成功的故事，主要歸功於：

- 政府在人才培育，尤其是留學生政策方面具有高度的前瞻眼光，在中興以人才爲本的大政策下，積極培養人才，不去斤斤計較短期、短視的回收。
- 太平洋兩岸之間自由、開放、便捷的環境，使人員、技術、資金、資訊等可以通暢無阻。
- 台灣發展科技產業的條件已然成熟，具有與美國科技產業合作的能力與機會，因此吸引留學美國的人才回流，形成了與美國之間人才良性循環的機制，達到

表6-2　IC產業成為竹科的鎮園之寶（2002年）

	家數	就業人數	實收資本額（新台幣億元）	營業額（新台幣億元）
IC產業 (A)	136	60,459	6,959	4,576
竹科合計 (B)	335	98,685	9,607	7,055
(A)/(B) × 100%	41%	61%	72%	65%

資料來源：新竹科學工業園區管理局

雙贏的局面。

在天時（世界市場、台灣股票市場快速成長）、地利（竹科地近台北，又與工研院、交大、清華爲鄰）、人和（人才匯集、全台灣視爲高科技重心而優先給予政策性支持）各種條件的配合下，新竹科學園區終於成爲台灣的矽谷，至二○○二年園區容納了十四家IC製造業，七十五家IC設計公司，IC產業總產值達到新台幣四千五百七十六億元。（表6-2）

風頭水尾立基業—台塑王國

看完了IC產業的故事，再看另一則由「無」變「有」、由「有」變「大」的壯舉——雲林離島工業區的六輕計畫。

台灣土地面積狹小、多山，人口稠密，加上環保意識抬頭後，重化基礎工業已經很難找到發展的空間。

爲了避免工業污染糾紛，同時兼顧未來煉油、石化、鋼鐵、電廠等基礎產業的需要，經濟部工業局從一九八七年就開始進行所謂離島式基礎工業區的編定、開發作業。

初期工作進展並不十分順利，工業局陸續初步篩選了幾處海埔地，經過地方政府、百姓民情不同反映，最後於一九九〇年選定雲林縣西海岸海埔地，規劃以大規模抽砂填海造地方式開發，此爲繼彰濱工業區之後，第二個大型離島式工業區，兩者共同之處在於皆是抽砂填海造地，並且與本島之間有數百公尺隔離水道；最大的差異是雲林離島工業區係作基礎工業使用，彰濱工業區僅供一般產業設廠。

以任何一個角度來衡量，雲林縣西部海埔地都不具有產業發展的條件，交通不方便、生活機能缺乏、周邊欠缺相關產業、天候惡劣，要作爲一個工業區，什麼都必須從零開始。因此，即使是一九九一年行政院核准編定「雲林離島式基礎工業區」，當初規劃要進駐的中油、中鋼、台電等公司後來都沒有前往，反倒成了台塑等企業「六輕計畫」落腳的地方。

台塑企業原先是選擇宜蘭縣二百八十公頃土地建廠，但遭到當地政府和居民嚴重的反抗，因此在一九八八年轉至桃園縣，也遭到相同的命運而放棄。而後，在經濟部的全力推動下，終於決定在雲林離島工業區另起爐灶，並將規模擴大。

最早的六輕計畫是由台塑、南亞、台化、台塑石化、麥寮汽電、台塑重工六家關係企業所提出，於一九九三年取得工業局所公告出售的麥寮、海豐兩區兩千多公頃的土地，面積大約相當於一百座台北大安森林公園，大部分土地都還在海水底下，站在岸邊西望，是汪洋無際，海風野大。

取得土地之後，六輕計畫開始全面推動，首先上場的是抽砂填海造地的工程，造地面積大約二千一百公頃，替台灣創造了大約萬分之六的土地。填砂量則達一億一千萬立方公尺，如果用於填築基隆至高雄長三百七十三公里、寬八個車道的高速公路，路面高度約可達兩層樓半。

土地完成之後，接著就是設備基礎工程，爲了防止地層下陷及因應重化廠的需要，打設基樁總長度達到四百五十萬公尺，相當於三百七十三公里的高速公路跑了十二趟；水泥使用了二百零八萬公噸，相當於一袋五十公斤的水泥用了四千一百六十萬袋。

接下來的是建廠工程，包括煉油廠、輕油裂解廠、汽電共生廠、發電廠、重機廠、鍋爐廠、石化相關工廠合計五十一座，廠區內配管長度達到三千公里，相當於八條高速公路的長度。

於是，在部分居民不斷抗爭、工作條件惡劣、工程技術持續遭遇挑戰的艱困環境下，一座座工廠聳立在昔日的海上，窮鄉僻壤的漁村脫身一變成爲燈火通明的石化重鎮；以往有如老鼠過街、人人喊打的台塑企業，反而因禍得福，在人定勝天的意志力驅使下，從零開始，在風頭水尾之地建立起「台塑王國」。

六輕計畫之第一、二期計畫自一九九三年開始至二〇〇二年將近九年的時間，投資金額約達到新台幣五千億元，設廠期間平均每年投資約八百億元，每年可創造五千億以上產值，並且雇用人力達到五千人。

藉著六輕計畫，台塑企業建立了石化王國的地位，對國家也產生了相當大的貢獻，包括：

- 使石化原料得到穩定供應來源，中油公司第三、四、五輕油裂解廠乙烯年產能合計爲一百一十二萬噸，六輕一、二期年產能則達一百六十萬噸以上，使台灣乙烯自給率得以大大提升。

- 每年持續投資及完工後增加產值帶動經濟成長。
- 由於石化上游之產業關聯效果大，六輕計畫一方面每年替代進口金額約新台幣六百億元，並且帶動中下游相關產業約二兆產值的發展。
- 對發展落後地區帶來繁榮，促進了區域均衡發展。

對於六輕計畫這麼龐大的投資案，如果沒有領導者堅持到底的毅力、前瞻性的眼光、長遠佈局的魄力、得到衆人支持的威望是不可能成功的。但是在進行過程當中，政府的協助促成也是必要的因素，其中主要包括：

- 政策上開放民間投資煉油、輕油裂解事業。
- 協助土地取得。經濟部爲進行工業區報編，在沿海四鄉鎮辦理了十三場說明會；爲了取得國有土地，工業局與財政部國有財產局的往來公文就達到八十多件。
- 提供投資租稅優惠，協助取得融資、引用外勞。
- 協助開闢聯外道路，方便交通。
- 協助取得工業用水。台灣彰化、雲林西部沿海缺乏水源，由經濟部集集攔河堰工程另外進行工業專用管計畫供應原水給六輕工業區，管線長達四十二公里，

圖6-4　建在海上的石化王國——台塑「六輕計畫」

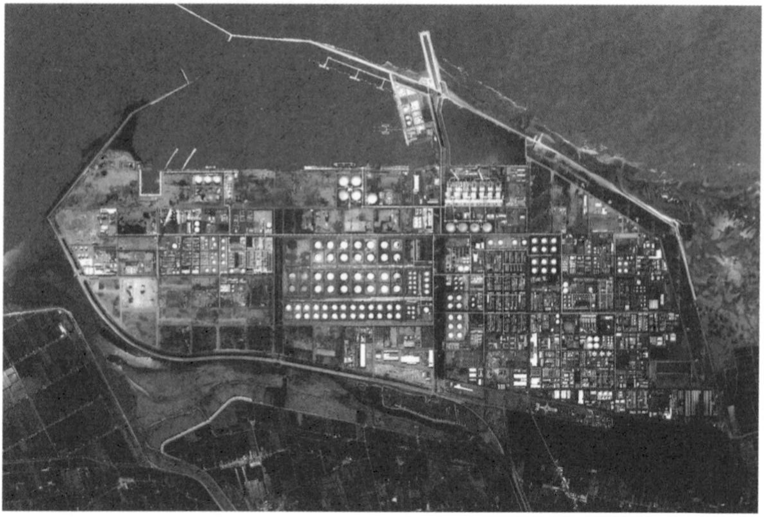

資料來源：台塑公司提供

投資金額達到五十多億元。

●制（修）定法令。六輕計畫是採用由工業局編定工業區，另外由民間（台塑相關企業）開發的模式，計畫內容又包括工業港的建設、管理，在台灣都是屬於創舉，現行法令不足以規範，不只必須訂定新的法令，既有的有關法令也要一修、再修，才能配合整個計畫的長期推進。

從六輕計畫我們可以瞭解，經濟發展必須政府和民間企業緊密共同持久的合作，我們看到了高度發揮冒險犯難的精神，在困境中展現生命韌性的活力，也看到了政府積極長期一貫的支持、配合企業的投資，在民意代表質疑圖利財團廠商、企業痛批政府官僚的兩面夾擊壓力下，一方面依循依法辦事的原則，另方面替企業解決投資障礙的難題，順利推動了有史以來最大規模的民間投資案，替台灣後續石化相關產業留下了一股生生不息的元氣。

微型企業計畫挽救中高齡失業

台灣除了有高科技產業、大型企業，還有一百多萬家充滿活力的中小企業。在中小企業之下，有所謂的微型企業，人數大多在五人以下。

面對失業率走高，中高齡失業者尋找工作困難，政府開始推動微型企業創業計畫，協助中高齡失業者創業，短短時間之內就獲得豐碩的成果。

推動計畫以微型企業創業貸款爲主軸，並且加上貸款前、後輔導的配套措施。貸款對象限制在四十五歲至六十五歲的失業者。每一戶貸款總額度不得超過新台幣一百萬元。借款人員負擔年息三%之固定利息，貸款超過三%的利率由政府補貼，期限六年；必要時還可以送請中小企業信用保證基金或其他保證基金提供最高八成的信用保證。

爲了落實微型企業創業貸款的實施效益，在貸款前還提供創業諮詢、職業技能訓練、創業經營訓練；貸款時提供融資諮詢、協助撰寫創業計畫書、單一窗口個案協處；貸款之後提供經營管理輔導、行業別輔導、追蹤評量相關活動，與創業貸款形成一個完整的推動體系。

令人感動的是自從二〇〇三年一月二十二日開辦，截至十一月三十日止，十個月期間累計成功申貸的案件高達二千二百三十二件：

- 分布的年齡層從四十五歲到六十五歲都有，但四十五歲到五十五歲占了將近八〇%。
- 地理區域包括工商業縣市和農業縣，例如宜蘭縣、花蓮縣、台東縣、屏東縣合計占了一〇%，彰化縣、雲林縣和南投縣也占了七%。
- 行業別跨越了餐飲、批發零售、美容美髮、便利商店等各行各業，經營小吃店、庭園咖啡屋、服飾精品、白煮蛋生產等等，不一而足。
- 申貸案件雖然以男性爲主，但是女性也占了三八%。（表6-3）
- 對於二千多件申貸成功的案件，總計核貸的金額雖只有十八億四千一百九十萬

表6-3　微型企業貸款申貸成功案件

年齡	男性		女性		合計	
	人數	比例（%）	人數	比例（%）	人數	比例（%）
45-50歲	710	51	359	43	1,069	48
50-55歲	418	30	296	35	718	32
55-60歲	171	13	104	12	275	12
60-65歲	85	6	85	10	170	8
合計	1,388	100	844	100	2,232	100

資料來源：經濟部中小企業處

元，但是估計可以增加八千人的就業機會。相對於政府所推動的其他就業方案，可以說是成果輝煌。

微型企業貸款每一件申貸案件的主角都已不再年輕，在人生的工作、事業道路上都曾經起起落落，有的甚至失敗或是轉換工作四、五次，他們共同的特徵是不服輸，對未來都還懷抱著憧憬、夢想，也都理解成功不是一蹴即至，必須用辛酸血淚去實現希望，微型企業創業只是第一步。從這些創業者的身上可以感覺到，台灣社會的各階層所蘊藏的生命力是何等的豐沛，這就是台灣產業活力的泉源，也是台灣經濟發展的依託。

當務之急—安定友善的經營環境

類似IC產業、六輕計畫、微型企業創業可歌可泣的故事，在台灣可以說是不勝枚舉，從這些故事，可以知道台灣經濟的成功是靠著活力加上努力。政府的責任在創造一個好的環境，提供必要的工具給企業界，激發產業界的信心和希望，釋放企業界那些活奔亂跳的生命力。

展望未來，台灣產業要面臨的課題還有許多，例如：

- 產業不斷外移，而且在產業生命週期曲線上，外移的啓動階段不斷提前。
- 在全球產業競賽，各國的實力是越來越接近，如何比別人跑得更快成爲焦點。
- 要創造新的產業，市場上必須依賴殺手級的應用；要鼓勵企業投資，必須創造成功的故事，這些要素卻是越來越難創造。
- 要加速新的產業發展必須擁有源源不斷的優質的投資案源，因此一部分要靠自外引進，但是全球各個富有企圖心的國家也都在爭取優質的案源，競爭相當的激烈。
- 產業發展以人才爲本，台灣在人才的質和量都面臨不足的情形，而且是越來越嚴重。
- 技術是創新經濟的核心，台灣不僅在前瞻性、高層次技術的能力不足，整體研發經費的投入也不夠；二〇〇〇年福特汽車研發投入六十八億美元，就遠高於台灣全體的研發經費。

● 當然，產業界最基本的需要是一個安定、穩定、友善的投資和經營環境。

第七章

再創經濟奇蹟

亞太營運中心走入記憶

爲了因應內、外在經濟情勢的快速變化，並且爲邁向二十一世紀作準備，台灣在一九九五年開始推動「發展台灣成爲亞太營運中心計畫」，尋求經濟發展的再突破。根據規劃的藍圖，發展亞太營運中心的重點在於經營東亞市場，尤其是東南亞和中國大陸市場。台灣可以作爲本地企業開發經營東亞市場的根據地，同時也可作爲美、加、澳、紐等亞太成員及歐洲企業進軍東亞市場的門戶。另一方面，台灣也可以作爲東亞開發中經濟體拓展對外經貿關係的窗口，強化經濟中介的功能。

營運中心計畫的推動分爲兩個大部分，一個部分是要進行總體經濟調整方案，增進貨品、勞務、人員、資金及資訊流動的便利；另一個部分是要發展製造、海運、空運、金融、電信、媒體六大專業營運中心。

從開始推動到今天，在總體經濟調整方面完成相當多的工作，但是限於兩岸的僵局不能打開，許多原來的期望根本無法實現，成效也就大打折扣。

例如推動「境外航運中心」是整體營運中心計畫的一部分，就因爲大陸只開放福州、廈門兩個港口和台灣的高雄港進行兩岸直航，在貨源相當不足的客觀條件下，加

表7-1　境外航運中心往來貨櫃數量

單位：TEU

	高雄→廈門、福州		廈門、福州→高雄		合計	
	貨櫃數	空櫃比例	貨櫃數	空櫃比例	貨櫃數	空櫃比例
1997	58,187.75	48%	69,329.75	1%	127,518	23%
1998	120,892.50	57%	151,872.25	1%	272,765	26%
1999	161,882.00	67%	204,047.00	1%	365,869	14%
2000	204,985.75	71%	227,682.00	1%	432,668	34%
2001	237,932.25	72%	270,313.25	1%	508,246	34%
2002	292,517.00	68%	281,933.50	1%	574,451	35%

資料來源：交通部

上境外航運中心仍有諸多限制，執行成果未臻理想。如果以兩岸往來的貨櫃運量來看，雖然年年有高度的成長，但是高雄港運往福州、廈門兩港的貨櫃當中，空櫃比重就高達三分之二。（表7-1）

如果和一九九五年開始推動亞太營運中心計畫作個比較，八年多以來，世局已經歷經許多劇烈的變化，其中包括：

- 一九九七年亞洲爆發金融危機，至今東南亞國家雖然逐漸在回復當中，但是還未能完全回到危機之前的活力，印尼甚至產生外資不斷撤離情形。
- 帶動世界經濟成長的三大龍頭美國、日本、德國一一陷入景氣低迷。
- 區域經濟整合的熱潮方興未艾、歐盟啓

動單一貨幣「歐元」，對世界經貿局勢產生重大影響。

● 九一一恐怖攻擊、波斯灣戰爭、伊拉克戰爭、非典型急性肺炎（SARS）等，使全球陷入不確定的時代。

● 中國大陸快速發展，大量吸收外資、出口到處造成威脅、內部新市場商機湧現，成為全球矚目焦點。

面對這麼多重大的變局，台灣在經濟發展上必須有新的策略性作為，使台灣儘速脫離當前的泥淖，同時能夠接受未來的挑戰。

在談論新的策略性作為之前，讓我們先看看「亞洲四小龍」其他經濟體在面對轉捩時刻是如何採取策略性行動。

亞洲四小龍同在轉捩時機

經過一九六〇年代到八〇年代的長期奮鬥，台灣、南韓、新加坡、香港同時創下經濟上令人稱羨的成就，也贏得「亞洲四小龍」的美譽。

可是時至今日，各個經濟體都遭遇不同的困境，面對幾乎相同的競爭威脅，各自

表7-2　亞洲四小龍經濟表現

（一）經濟成長率

單位：%

	1997年	1998年	1999年	2000年	2001年	2002年
中華民國	6.7	4.6	5.4	5.9	-2.2	3.5
南韓	5.0	-6.7	10.9	9.3	3.1	6.3
新加坡	8.5	-0.9	6.4	9.4	-2.4	2.2
香港	5.1	-5.0	3.4	10.2	0.5	2.3

（二）失業率

單位：%

	1997年	1998年	1999年	2000年	2001年	2002年
中華民國	2.7	2.7	2.9	3.0	4.6	5.2
南韓	2.6	7.0	6.3	4.1	3.8	3.1
新加坡	1.8	3.2	3.5	3.1	3.3	4.4
香港	2.2	4.7	6.2	4.9	5.1	7.3

資料來源：經濟部，經濟統計指標

採取不同的因應策略，希望能夠突破困局，再創昔日輝煌的成就。

南韓

二十多年前，南韓的經貿發展還跟不上台灣，產業能力也比台灣落後，把台灣和南韓的產品放在一起，優劣立判。

但是在南韓政府、各大財閥「拼世界第一」的強烈企圖心驅動下，經濟、產業快速發展，締造所謂的「漢江奇蹟」。

在產業發展上，南韓除了造船、半導體、汽車、纖維、鋼鐵

產業在世界上占有重要的地位外，南韓的線上遊戲、文化產業同樣開創出獨特的格局，成爲其他國家跟進學習的典範。在中國大陸線上遊戲市場，南韓的市場占有率就高達四九%，遙遙領先中國本土的二二%、台灣的一六%。在海外承包營建工程方面，南韓在二〇〇二年也多達一百四十件，合計六十一億美元。

另外再看「創造第一名的機器」三星電子公司，在二〇〇二年世界市場占有率排名第一的產品就有電視機、監視器、錄放影機、DRAM和SRAM記憶體、薄膜電晶體液晶顯示器、微波爐、CDMA手機，該公司一年投下的研發經費就高達二十四億美元，占營業額的七—八%。

除了製造之外，在提升南韓的研發科技地位方面，截至二〇〇二年底，總計有一百二十四個外國研發中心設在南韓，其中有四十個是在二〇〇〇年後才設立。在外國研發中心之中，屬於外國大型企業的占了將近三分之一，包括微軟、摩托羅拉、IBM、杜邦、甲骨文、西門子、拜耳等。

另外，在全球網際網路普及率的排名中，南韓也以五五%的普及率名列第一。

如果把台灣和南韓放在一起作個簡單的比較，台灣的主力產業集中在資訊電子，不僅不如南韓的多元化，即使在主力產業領域也是多數落後於韓國之後。

另就雙邊貨品進出口分析，一九八九年台灣對南韓的貿易由順差進入逆差時只有六百萬美元，到了二〇〇二年逆差就攀升到三十八億美元，南韓從是台灣第六大進口來源跳升爲第三大進口國。

雖然產業發展有相當優異的表現，南韓內部也累積了不少問題。南韓一九九七年浮現金融危機，外匯存底快速流失，企業瀕臨破產，人民甚至含淚排隊捐獻金飾要搶救國家。南韓政府一方面向國際貨幣基金（ＩＭＦ）、世界銀行、亞洲開發銀行請求紓困，另方面積極進行經濟改革。

對內方面，南韓政府從一九九八年推動金融改革、企業改革、勞動改革、公共改革等四大改革。短短四年之內，金融方面促使金融機構家數大爲縮減、財務結構轉趨健全、銀行轉虧爲盈；企業方面促使財務結構改善、財閥結構調整；勞動方面使得勞動市場轉趨彈性、勞資關係獲得改善；公共方面促使政府組織精簡、國營事業民營化取得重大進展。

對外方面，南韓同時在一九九八年通過「外人投資促進法」，一改過去閉關自守、保護國內財閥的立場，開始大幅度開放外資投資領域，並且在租稅優惠、用地選

擇等多方面推出一系列甚至「超國民待遇」的優惠措施，努力吸引外來直接投資。

經濟改革四年後，南韓經濟基本面獲得相當大的改善，外匯存底於二〇〇二年六月回升至世界排名第四，二〇〇三年底達一千五百五十四億美元；經濟成長率從一九九八年的負六・七％回升到九九年的一〇・九％，二〇〇二年亦有六・三％的成長佳績；失業率從九八年的七・〇％降至二〇〇二年的三・一％。外來直接投資也有耀眼的表現，九八年爲八十八億美元，九九年躍升爲一百五十五億美元，二〇〇〇年仍維持在一百五十七億美元的水準。

南韓推動經濟改革至今雖然已展現具體成效，但是還是有許多工作並沒有完成，包括金融機構國有化、大財閥持續掌控非銀行金融機構、勞工罷工又頻傳等課題，必須持續貫徹改革工作。

例如二〇〇三年截至九月中已經有二十七個外國公司遭到罷工。抱持敵意的工會、僵硬的勞動法令，加上北韓核子問題，使已經上升的外來直接投資又大幅度縮水，二〇〇二年降爲九十一億美元，二〇〇三年上半也只有二十七億美元。面對此種局勢，南韓政府正試圖以「經濟特區」提供租稅優惠、放寬管制來吸引外資。

展望未來，南韓政府是以建立南韓成爲東北亞的軸心爲目標。在產業發展方向，

表7-3　南韓主要產業現況與發展願景

產業		2001年狀況		2010年願景	
		市場占有率	世界排名	市場占有率	世界排名
既有主要產業	造船	32.4%	2	40.0%	1
	半導體	5.7%	3	15.0%	3
	汽車	5.2%	5	10.0%	4
	纖維	5.2%	4	5.6%	3
	石化	4.9%	4	4.5%	4
	鋼鐵	5.2%	6	4.8%	7
	機械	1.4%	15	5.0%	7
未來產略產業	數位電子	3.1%	4	20.0%	2
	電子醫療機器	1.5%	13	10.0%	5
	生化產業	1.4%	14	10.0%	7
	環境產業	1.2%	16	2.1%	10
	航空產業	0.4%	15	1.0%	10

資料來源：取材自經濟部貿易局網站，韓國二〇一〇年產業願景及發展策略

南韓除了將進一步提升當前主力產業的世界地位、力爭世界IT霸主，還選擇數位電子、電子醫療機器、生化、環境、航空作爲策略產業，以及商業服務、電子商務服務等服務業，積極推動。

至於對外方面，南韓已經把中國列爲主要的目標，不僅把中國大陸作爲重要的投資地點和市場機會，並且不斷提升對中國大陸出口所占的比重，一九九二年對中國大陸的出口占南韓對外出口僅三・五％，二〇〇二年提升爲一四・六

%，目前中國大陸已經取代日本成爲南韓僅次於美國的第二大輸出國，南韓對中國大陸的貿易順差二〇〇二年達到八十八億美元。

新加坡

最近二、三年來，新加坡在外在環境上受到東南亞國家還沒有從金融風暴中完全復原、世界陷入不景氣、中國大陸吸走龐大外來投資等多方面因素的影響，內在環境上則遭受薪資成長居高不下、政府過度干預，使新加坡的經貿發展也遭遇瓶頸，經濟成長率從二〇〇〇年的九・四％一下子跌到二〇〇一年的負二・四％，隔年雖又回升，只能達到二・二％的成長率。失業率從二〇〇〇年約三・一％節節升高，至二〇〇二年升高到四・四％。

爲了因應變局，新加坡通商產業部在二〇〇一年成立經濟評估委員會（ERC），對未來新加坡經濟發展進行評估規劃。依據ERC所提出的報告，新加坡未來的發展藍圖可分三個層次，在第一層次所擘劃的是發展願景，目標要建立新加坡成爲（一）全球化的經濟體（二）具創意與企業精神的國家（三）以製造與服務爲雙主軸的多元化經濟體。

在第二層次所勾勒的是發展方向，製造業部門仍將強化電子、化學、生物醫藥、運輸四大主力產業的發展，但是將特別提高生物醫藥所占的比重。服務業部門則以建立世界級的服務業爲目標，一方面維持新加坡扮演全球貿易軸心、全球整體後勤支援軸心、數位軸心、亞洲區域金融中心、觀光旅遊中心的角色；另方面則是積極開拓新的服務業，包括衛生照顧、教育、法律服務、創意產業等。

至於第三層次所規劃的是推動策略，涵蓋了去除管制性的障礙、扶植企業、發展人力資源、鼓勵具創新能力或具市場領導地位的跨國企業前往投資、塑造次一代創新技術發展的環境、建立新加坡產品順利進入全球開放市場的通路等。

依循ERC的建議，我們可以發現新加坡正朝著三個方向推進，第一是積極洽簽自由貿易協定。已經完成談判的有美國、日本、紐西蘭、澳洲、歐洲由由貿易協會，正在進行中的有加拿大、南韓、中國大陸、約旦、印度、斯里蘭卡；其中與印度談判預期在二〇〇四年初完成，印度將新加坡視爲通往亞洲，甚至美國的門戶。與其他國家相較，新加坡可以說是亞洲最積極洽簽由由貿易協定的國家。

其次是制度方面的變革。新加坡正朝調整工資制度、修正所得稅稅率、降低政府收費、維持土地價格方向推動，希望維持一個具有競爭力的投資環境。

第三個方向是建立產業競爭優勢。對內方面加強研究發展，致力吸引世界級的科學家和學者，尤其著重生物醫藥科學的發展。服務業領域努力發展教育產業，於一九九七年推動的國際學院到新加坡計畫，容許學術自由有寬廣的空間，迄今已吸引不下十所的世界級名校在新加坡設置據點，例如美國的史丹福大學、麻省理工學院、華頓學院、中國大陸的上海交通大學、法國INSEAD商學院等。

對外方面新加坡政府正積極尋找投資及市場機會，尤其是中國大陸，新加坡一方面將大陸視爲該國的延伸，例如由新加坡與中國大陸合作開發了蘇州工業園區；另方面也將新加坡視爲中國大陸對外的門戶，例如（一）吸引中國大陸公司前往上市，在二〇〇三年六月只有十三家中國公司在新加坡上市，至二〇〇四年元月已增爲二十三家，另有二十五家正辦理上市中；（二）新加坡政府並鼓勵政府官員前往中國大陸留學，以掌握中國大陸未來二、三十年的發展機會；（三）新加坡計劃興建中國中心，用以吸引中國企業以新加坡作爲海外基地。

新加坡擁有許多優勢條件，包括政治穩定、政策前後具一貫性，政府全力支持企業，具備世界級的後勤支援基礎設施，完善的供應鏈管理服務，與外在世界形成綿密網絡。新加坡目前約有將近六千家的外商聘用了九萬個專業人員，其中約百分之六十是以新加坡作爲亞洲區域總部；新加坡也以金融、商業之都自傲。站在如此厚實的根基上，如果能夠落實ERC所提出的各項建議，新加坡的脫胎換骨應是可以預期的。

香港

香港於一九九七年回歸中國大陸之後，很不幸的遭到一連串打擊，其一是亞洲金融危機，其二是當地不動產市場崩盤，其三是中國大陸的衝擊。

不動產價格攀升是過去香港重要的成長動力來源，也是香港政府重要的收入來源，但是一九九八年跌幅高達一半之後，價格就疲軟不振。

毗連中國大陸，原是香港的優勢條件。長久以來，香港一直以扮演大陸華南地區的中轉樞紐自居，擁有優良的天然港口，先進硬體建設，完善的配套服務產業，高效率的裝卸作業，以及實施自由貿易，是全球最大的船東總部。

一九八一年香港出口二百一十八億美元，其中轉口只占三四％；至一九九一年出口九百八十七億美元，轉口比重升爲七○％；到了二○○一年，出口一千九百一十一億美元，轉口部分又進一步提高到八九％，足見香港對外貿易對轉口市場依賴之重。

但是近幾年來，香港面對鄰近中國大陸深圳、廣州、珠海各港口的崛起，相較之

表7-4「中國大陸與香港更緊密經貿關係安排（CEPA）」概要

一、開放措施

（一）貨物貿易

- 2004年1月1日起香港273項貨品輸往中國大陸免關稅。
- 2006年1月1日起貨品只要符合原產地規定，均可經申請核准後享有免關稅

（二）服務貿易：中國大陸放寬17項（後來又增加1項）服務業之市場進入

- 開放時間比中國大陸加入WTO所承諾提早實施：如允許香港廣告公司獨資經營之規定比加入WTO承諾提早二年
- 規定比中國大陸加入WTO所承諾更為寬鬆：如允許香港公司以合資或控股方式建造及經營電影院之規定比WTO承諾更寬鬆
- 門檻更低：如香港銀行在中國大陸設立分行，其總資產規定從200億美元降低為60億美元

二、貿易投資便利化合作：雙方同意在通關便利等七個領域加強合作

三、對香港之好處

- 提高香港製造業之競爭力
- 中國大陸加入WTO時，其服務業對外開放之承諾大多有三至五年的緩衝期，港商提早在2004年初就享有市場開放的利益。
- 讓香港中小型服務企業及專業人員更容易進入中國大陸市場

下，費用明顯偏高，陸路口岸產生壅塞瓶頸，加上距離腹地較遠，中轉角色遭遇競爭威脅。

另外香港的部分服務業也流失到中國大陸，一些後線支援性工作（back-office jobs）如電話作業員、會計工作等，逐步移到廣東，情形就像十多年前製造業移往中國大陸；甚至香港的居民熱中前往深圳、廣東各地採購、餐飲、娛樂休閒。

種種不利的因素使香港經濟是每下愈況，失業率一步一步升高，九七年回歸中國大陸時的失業率僅爲二・二％，到了二〇〇二年已經升高到七・三％。

爲了挽救香港的經濟頹勢，香港當局把幾乎所有的希望都擺在和中國大陸的經濟整合，大陸當局也給予若干具體的回應，例如：

- 香港一直希望和中國大陸簽署由由貿易協定，雙方在二〇〇三年六月就簽署了更緊密經貿關係安排（CEPA），逐步增加中國大陸對香港產品免關稅項目、放寬香港服務業進入中國大陸市場的限制等。
- 中國大陸於二〇〇三年七月陸續試點開放居民赴香港「個人遊」，用意在協助香港振興旅遊業。
- 香港積極爭取作爲人民幣離岸中心、開放大陸居民投資香港股市等。

或許中國大陸將來還會對香港的經濟進一步伸出援手，但是另一方面會令香港陷入幾個危機。

第一、香港在追求與中國大陸的經濟整合過程忘掉了自己的定位和方向，中國大陸的善意可能成爲香港的鴉片。

第二、受到中國大陸當局的干預，香港逐漸失去自己固有的特色，忽略要利用寶貴的時機創造新的競爭優勢。

第三、在中國大陸龐大的力量的牽引下，香港無力主宰自己的前途，無法決定自己的命運。

第四、香港仍舊要面臨中國大陸沿海各地區快速發展所帶來在貨櫃業務、金融、商業服務各方面激烈的競爭。

從南韓、新加坡、香港經濟的變遷，我們可以得到幾項基本的看法。

其一是在經濟轉型的過程不能輕易丟棄原有的核心產業，尤其是製造業。南韓至今仍舊緊握住製造業，不斷創造世界領先地位。新加坡即使不斷強調該國作爲企業總部、商業與金融中心的角色，在政策上仍舊是以製造業和服務業作爲雙主軸。至於香港，則是幾乎完全流失了原有的生命線—製造業。雖然新加坡和香港都強調轉運中心的角色。但是以二〇〇二年爲例，新加坡的再出口占總出口約四七％，香港卻高達九一％，顯示出香港對中國大陸依賴之深。

其二是制度變革是經濟脫胎換骨最直接有效的途徑之一。南韓的四大經濟改革，搭配對外資開放，促使南韓能快速扭轉頹勢。新加坡所規劃的願景，以自由貿易協定協助推動內部多方面的變革，都是促使本身以更開放、更大格局迎向新的競爭局勢，香港在這方面不僅是不見往前推進，反而有倒退現象，終將阻礙前進之路。

其三是亞洲四小龍各有不同的發展條件，因此有不同的發展方向。最重要的是各經濟體要能孕育具獨特性、差異性的核心能力，對市場顧客創造高的附加價值。香港最大的問題不在於對中國大陸的高度依賴，而在於漸漸失去自己的特色，無法創造出能夠與緊鄰的大陸具有差異性的優勢，漸漸失去了自我。

新時代要新的發展策略

一九九〇年代，新的企管主張不斷推出，例如：企業流程再造、核心能力、策略

轉折點、六個標準差、協同合作（collaboration）、產業聚落、價值飄移（value migration）、社會資本、知識管理、公司治理等等，在在顯示九〇年代是一個劇烈變動的時代。在這個變動的時代，企業不斷在尋找新的營運模式、創造新的市場空間、提供具差異化的價值，希望建構獨特的優勢條件，永續其市場領導地位。

同樣的，面對全球競爭的威脅，一個國家也要和企業一樣，時時刻刻掌握主、客觀環境的變化，擘劃新的經濟發展策略，重新打造新的發展模式，在全球經貿網絡中提供高附加價值，建立不可被取代的地位。

新的經濟發展策略應該建立在新的思維基礎之上，甚至要否定過去成功的模式，因爲面對變動的環境，今天的產業到了明天會變成舊的產業；今天成功的發展模式到了明天會發生不了作用。

從過去到現在，台灣在產業發展上有幾個「迷信」，迷信只要提供優渥的租稅優惠就可以吸引投資、迷信只要設置科學園區就可以帶動科技產業發展、迷信只有科技產業才是有前途的產業等。在這裏我們只就科學園區作進一步加以探討。

科學園區和加工出口區都是屬於經濟特區，台灣在一九六六開始設置加工出口區，果然帶動加工出口產業發展。成功之後，政府並沒有到處去設置加工出口區，而是把這些成功經驗和成果推廣應用到一般產業的扶植輔導。直到九○年代下半，配合亞太營運中心計畫，加工出口區在加工出口作業之外，增加倉儲、轉運的功能，才進行擴區。換句話說，將近三十年的期間，加工出口區完成了階段性的任務，就維持在只有高雄、楠梓及台中潭子三個分區的規模。

再看看科學園區。台灣是在八○年代推動科學園區，經過一段辛苦經營的歲月後，新竹科學園區終於成為國際知名的科技產業重鎮。見到新竹科學園區成功之後，替地方帶來高度的繁榮，各縣、市也積極爭取設置科學園區，以為只要有了科學園區，地方榮景可期。於是政府又陸續設置南部科學園區台南基地與路竹基地、中部科學園區、新竹科學園區竹南及銅鑼基地，企圖複製新竹科學園區成功的模式。

科學園區和加工出口區既然都是屬於經濟「特」區，都有階段性的任務或目標，也都屬於實驗的試點，一旦成功，應該把寶貴的經驗予以發揚光大，推廣到一般的工業區，此時的科學園區應該轉型作為研究園區或是專注於孕育新興的科技產業，而不是一味的到處設置新的科學園區。

就新竹科學園區而言，政府提供一元化服務、租稅優惠，以及土地、廠房採用出租方式以減輕新創事業的財務負擔，是園區三大特色；另外園區鄰近清華大學、交通

表7-5 台灣高科技產業未必都落腳在科學園區

（一）TFTLCD業者廠址

時間：2002年10月

公司	友達					奇美		瀚宇彩晶		中華映管			廣輝	統寶
	一廠	二廠	三廠	五廠	六廠	一廠	二廠	一廠	二廠	一廠	二廠	三廠	一廠	一廠
科學園區內	竹科	竹科	竹科	竹科		南科	南科							竹科
區外					龍潭			楊梅	楊梅	桃園	桃園	龍潭	林口	

（二）筆記型電腦業者廠址

公司	廣達	緯創	仁寶	英業達	華宇	大衆	致勝	神基	華碩	藍天	倫飛	志合
科學園區內		竹科						竹科				
區外	林口		平鎮	五股、士林	大溪	林口	中壢		龜山、北投	五股	高雄	中壢

資料來源：經濟部工業局

大學、工業技術研究院，更是成功關鍵。當然，新竹距離台北只有一個小時的車程也是不可或缺的條件。

再看看南部科學園區或者是中部科學園區，除了相同的園區優惠外，都缺乏新竹科學園區所具有的區位優勢。如果南部科學園區還是以IC半導體產業作爲核心，只能算是新竹科學園區的擴充，但是又缺乏新竹科學園區的條件；如果南部科學園區是以光電或是資訊電子爲主，我們可以發現有多家液晶顯示器、筆記型電腦廠商根本不在科學園區，

換言之，科學園區並不是這些產業最重要的成功因素。

同時，大環境也已經有許多重大改變，新竹科學園區成功的經驗已經被別的國家複製，中國大陸就有多處工業區提供比科學園區更好的優惠，區位、周邊條件也勝過新竹科學園區。

因此，如果緊抱過去成功的經驗，繼續擴充科學園區的設置，而不用新的思維去看待科學園區，爲科學園區找個新的定位，賦予新的功能或任務，不僅對既有且尚未完成開發的一般工業區產生排擠效應—就像南部科學園區台南基地嚴重排擠到台南科技工業區，並且將來還可能遭遇現在一些工業區土地被閒置的命運。

新的發展策略是社會改造藍圖

傳統的經濟政策大多局限在產業政策、金融政策、財政政策三個領域，新的經濟發展策略應該擴大視野，超越既有的窠臼，進行社會多層面的改造。

社會改造的目的在於創造新的社會資本，建構新的制度，產生新的能量，塑造一個對企業友善、充滿希望、具有競爭力的新環境。

以南韓爲例，一九九八年展開的經濟改革就包括了公共部門、企業、勞動、金融四個領域，並且積極開放外來投資，使經濟基本面獲得大幅改善，外匯存底回升，國家信用評等逐漸提升。

其次看看陷於困境的德國。依據德國工商總會對八千家德國企業的調查，發現有大約四分之一的業者計劃在未來三年內要把一部分生產線遷移到外國，平均每年要流失掉五萬個工作機會。究其原因，主要是德國生活水準高、工資高、賦稅高，還有就是勞工法令僵硬，使企業失去競爭力。因此若要拯救德國經濟，也必須進行大格局的改革。

最後再看日本。長期以來陷於經濟低迷，日本政府用盡各種方法企圖使經濟自谷底回升，最近更大刀闊斧，從制度面鬆綁，二〇〇三年起實施「最低資本金限制條例」，用日幣一元資本金就可以創設公司。

日本爲了推動結構改革，還要求政、經、財、金各方面進行革新，但在保守的官僚體制以及既得利益者頑強抗拒下，成果有限。於是在民間和地方政府提出「結構改革特區」構想的壓力下，日本政府進行另一波法令鬆綁，從二〇〇三年四月一日起受理地方政府開發經濟特區的申請，四月十七日就公布第一批名單，同意設置五十七處

的物流、研發、教育及社會福利、產業振興、農業等各式各樣特區。

台灣應該同時進行社會改造的層面很多，和經濟發展有關的包括政治、教育、土地、勞工、水資源、能源、科技、基礎建設、財政、金融、政府效能和效率等等，其中在政府本身，最根本的工作是要做到「三通一沒有」。

從「三通一沒有」出發

所謂「三通」就是要維持行政和立法部門之間、政府和民間之間、政府各部門之間的溝通管道要暢通；「一沒有」就是要將各種腐敗予以根除。

行政和立法部門之間的管道要是不通，雙方時常爆發衝突，行政部門所提出的法案、預算、施政政策和計畫都經常受到嚴重扭曲、延宕，一定會造成政局不穩，人民信心喪失、改革工作無法順利推進。雙方必須維持暢通的溝通管道，形成共識，共謀國家長治久安之計，才能創造人民和企業對政府和大環境的希望。

政府和人民之間的管道如果不通，政府不能傾聽人民最深一層的心聲，就不能瞭解人民想的是什麼、要的是什麼。人民願意把聲音傳遞出來，代表對政府抱著期許；人民不願意發出聲音，經常表示對政府已經不存希望。

依據世界經濟論壇（WEF）對高階經營者所作的意見調查，對於台灣認為最有問題的是政策不穩定和政府不穩定。企業界的這種擔心最能以「核四」計畫為代表。「核四」計畫在一九九二年奉行政院核定後就依照計畫進行建設，經過八年，經濟部於二〇〇〇年九月三十日宣布建議行政院停建，當日股市股價指數從六千四百三十二點跌到六千一百八十五點，掉了二百四十七點。其後，行政院十月二十七日正式宣布停建「核四」，社會大眾雖然有了心理準備，股價指數仍然大跌一百三十六點。「核四」停工後，藉由大法官釋憲的程序，經過三個半月，又進行復工。沒隔多久，在「全國非核家園會議」又宣布將舉行「核四」公投。

企業投資首重環境的安定和政府長期的支持，政府施政的政策前後保持一貫性對企業而言是絕對必要的條件。類似「核四」一項公共建設由政府核准進行，執行到中途，又由政府宣布停止，然後再由政府宣布復工，接著又宣布要舉行公投，反覆的過程，會讓產業界不能在一個安定的政策環境中作長久投資的打算。

政府各部門之間的管道如果不通，各部會之間會缺乏協調的機制和文化，產生本位主義，甚至某一個部會比較強勢、掌握決策或是預算決定權，或者是某個單位首長擁有比較強的影響力，那個部會就可以阻擋改革方案、建設計畫或是新法案的推動，

圖7-1　在台灣作生意最有問題的因素

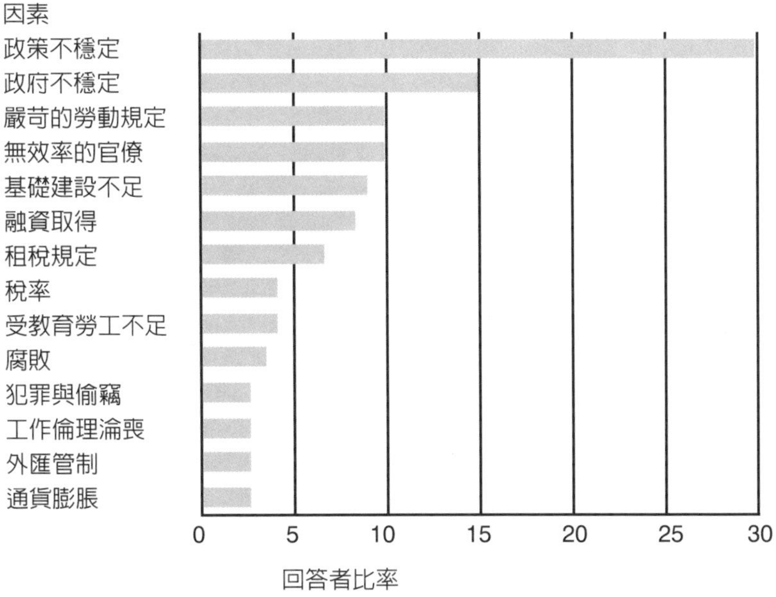

註：從14個因素的表格中，受訪者被要求選出在他的國家中作生意最有問題的5個因素，並給予1（最有問題）到5的排序。橫線代表將排序予以權重後的結果

資料來源：WEF, Global Competitiveness Report 2003-2004

因而使法案的效果減低，計畫的執行延誤時機，甚至遭受重大損失。例如各界所關注的「由由貿易港區條例」如果缺乏相關單位在人員自由進出、貨品進出便捷化等配套措施拋棄本位主義的全力配合，在立法目標上等於是前進兩步退了一步。另外，本位主義所帶來的無效率的情形如果涉及人民申請案，必會影響人民權益，遭致民怨，也容易造成腐敗情形。

除了中央部會之間，中央與地方之間的管道不通也會影響建設的工程。可以看到的普遍情形是地方政府要求中央政府、國營事業在進行各項公共建設時給予回饋、補助，部分工程要求交給地方政府執行以獲取利益；如果不答應，就在工程所需各項土地取得、建物建照和使用執照等方面不予辦理；遇到民眾抗爭，也不支援處理。

政府部門之間的不通，顯示出來的是政府的效能和效率，影響企業的商機和投資成本，在WEF的高階經營者調查中，「缺乏效率的官僚」就是排名第三的問題。

要維持政府部門之間的「三通」，除了要從政治改造下手外，在行政部門很重要的一項工程是要建立制度，明確「政務官」和「事務官」的區分，劃清「政務」和「事務」的界限，維護國家的文官體制和行政倫理。

政務官和事務官各有各的權責，各有各的決策範疇，如果不能有清楚、負責的制度作為依據，很可能產生「政務官決定政策，事務官替政策負責」的後果；也可能因政權輪替，政務官因政治動機而調動事務官，使國家文官制度遭受摧殘，也沒有辦法培養出具有擔當、有遠見，在政權輪替之中能夠扮演政府中流砥柱、維繫政府正常運作的文官，更不必說是如何做到政通人和、政府安定和政策穩定。

至於腐敗，幾乎所有的人對「腐敗」一詞都會表示深惡痛絕，可是世界上又有很多人在進行有關腐敗的事情。依據美國商務部估計，從一九九四年到二〇〇二年四月的八年期間，美國企業所參與的國際採購案中，有四百七十四件價值二千三百七十億美元的案子受到賄賂的干擾；其中美國失掉了一百一十件合計三百六十億美元的合約，足見腐敗在國際間也是相當嚴重的一項課題。

依據國際透明化組織（IT）一項對二十一個國家有關收受賄賂的調查，認為必須行賄才能贏得業務的國家排名中（排名越後越嚴重），台灣名列第十九，僅優於排名二十的中國大陸和二十一名的俄羅斯，顯示台灣在國際企業經營環境的形象和企業的期許之間有相當的落差。在該項調查的評比項目中，各國賄賂情形最嚴重的有公共工程、軍備和國防採購，以及受到管制需要政府特許的領域。

腐敗的情形充斥，會使社會付出更多的成本，耗費更多寶貴的時間，破壞整個國

表7-5　被認為必須行賄才能贏得業務的國家行賄指數排名

排名	國家	排名	國家
1	澳洲	12	法國
2	瑞典	13	美國
	瑞士		日本
4	奧地利	15	馬來西亞
5	加拿大		香港
6	荷蘭	17	義大利
	比利時	18	南韓
8	英國	19	台灣
9	新加坡	20	中國大陸
	德國	21	俄羅斯
11	西班牙		

註：排名越後者，表示情形越嚴重

資料來源：Transparency International, Bribe Payers Index 2002

家的形象，換取的是低品質的公共建設、往下沈淪的投資環境，以及失去公義的社會。

「三通一沒有」只是社會變革中屬於政府再造的一角，只有從不同領域去推動社會再造工程，使經濟發展的大環境健全，人人充滿信心，懷抱希望，才能站在穩固的基礎上，創造優秀的產業，推動經濟永續的發展和成長。

第八章

東亞企業營運平台

台灣的新定位—東亞企業營運平台

在全球經貿環境變遷、台灣本身體質早就產生變化的雙重力量擠壓之下，台灣必須在全球經貿網絡重新找到適當的生存和發展空間。這個新的空間應該要有開闊的視野、未來發展的前瞻性，可以充分發揮既有的核心能力，並且同時建立新的競爭優勢，它的能量要足以帶動台灣整體經濟的成長。

以往台灣憑藉低廉的生產要素、優異的生產效率、緊密的上、下游產業結構，循著「成本驅動」創新（cost-driven innovation）的模式，發展成爲全球重要的生產基地。

但是這種成本優勢不僅不復存在，也難以因應當前經濟發展及全球競爭的要求。如果以當前既有的製造能量作基礎，將核心力量往外延伸，台灣應該由世界的製造基地重新定位爲企業的「東亞營運平台」。

「平台」究竟代表什麼特殊的意義？

處在全球分工的時代，「平台」的意義在於強調「夥伴關係」是台灣經貿發展的資產和優勢，也是台灣創造價值的來源。立在這個平台上面：

● 經貿夥伴前來運用台灣的能力和能量從事不同層次、不同類型的製造、創新研發、物流作業、金融管理的附加價值活動，可以提升夥伴的競爭力，並且支援經貿夥伴在鄰近區域的相關活動而發揮相輔相成的效果。

● 台灣和經貿夥伴是共同成長、共同因應不同環境的挑戰，因此配合夥伴變革的腳步，台灣可以同步進行變革；藉著雙方同時進行創新、變革，同步提升競爭力，使得合作的成果更具有市場價值。

那麼，台灣已經具備什麼基本條件可以成爲東亞企業營運平台？

第一，台灣的地理位置優異，左控中國大陸華南、東南亞，右控華中、東北亞，位於東北亞與東南亞之間、中國大陸與北美之間的樞紐。

第二，台灣擁有雄厚的產業基礎及創新能力，有利跨國企業進行多元化的營運活動。

第三，台灣與中國大陸在語言、文化等相近，現有約五萬個企業在中國大陸投資，累積相當豐富的投資經營經驗，並和台灣維持密切的產業關係。跨國企業若以台灣作爲跳板前進中國大陸，可收事半功倍、降低風險之效。

既然有這麼好的條件，台灣應該進一步拿什麼作爲支撐東亞營運平台的支柱？

答案是：國際化、全球化、高値化

平台支柱—國際化、全球化、高値化

台灣應該用「國際化」來展現她對跨國企業的親和力，和跨國企業達到無縫隙、無障礙的接軌，並且釋放國內企業的活力。

台灣應該用「全球化」來展現她將全球視爲一個生產工廠、一個市場，以台灣作爲基地、佈局全球的企圖心。

台灣應該用「高値化」來展現她的競爭優勢的源頭，代表她對跨國企業的價値所在。

國際化

「國際化」的基本內容包括自由化、制度化、基礎建設現代化三個要素。

香港和新加坡是國際化的代表，二者都缺乏天然資源，內部市場又小，外來投資就扮演非常重要的角色。爲了爭取跨國企業前往投資，或是設立區域總部，國際化就成爲必要的條件。

就香港而言，不僅貨品、人員、資訊、資金往來自由，在海港、機場、通訊、金融服務多方面皆擁有完善的基礎建設，而且法治嚴格和司法獨立更是其法律制度的特點，法律制度用以保護個人權利不受政府侵犯，沒有任何人或團體可以超越法律。由於有高度國際化的環境，在一九九六年，全球最大的一百家銀行中，已大約有八十五家在香港設有分行。

新加坡也是如此，國際化的環境促使來自美國、荷蘭、日本、瑞士、英國等外來投資幾乎每年都占新加坡總投資額的三分之一；這些外來投資集中在製造業、金融與保險業、貿易業，帶動了新加坡高科技產業、金融業、貿易業、轉口業的蓬勃發展。由於外來投資對新加坡是那麼重要，因此不難理解爲什麼新加坡是東亞最熱中洽簽自由貿易協定的國家。

對台灣來說，國際化除了是作爲企業營運平台必備的條件，它還具有其他策略性的意義：

- 「國際化」可以讓台灣和中國大陸之間存在顯著的差異性，凸顯台灣獨特的價值所在。

- 「國際化」可以讓台灣和香港站在同樣的基礎去競爭區域營運總部、轉運中心、金融中心等，避免被取代的威脅。
- 在各國競相洽簽自由貿易協定的趨勢下，「國際化」是讓台灣因應被邊緣化、角落化最直接有效的途徑。
- 「國際化」可以讓台灣吸引跨國企業結合台商力量共同前往中國大陸、降低台灣經貿過度依賴大陸的風險。以創投產業為例，相對於中國大陸，台灣有健全的股票市場，完善的法規制度，美國矽谷就有不少的創投業者希望和台灣的業者合作前往中國大陸。

相對於香港、新加坡的國際化水準，台灣還落後一大段距離。為了落實經貿國際化，台灣應該設定標竿，對內方面朝企業法規鬆綁、市場開放與國營事業民營化方向推進。對外方面則應該履行加入世貿組織的承諾，支持多邊經貿架構，並且在資金、人員、貨品、交通各方面建立深度自由化的機制，以及建設完善的基礎設施。

當然，當前影響台灣經貿國際化最大的因素就數兩岸之間的管制。很多人都知道解除兩岸之間不合理的限制是對兩岸雙邊都有利，因此必須要靠兩岸之間共同的合作來解套。

從台灣這邊來說，人員、貨品、投資、交通、資金不能直來直往於兩岸，必須繞經第三地，不僅協助香港奠定其成爲中國大陸華南門戶與區域營運總部的地位，並且使台灣因爲成本、時間的增加而逐漸失去競爭力，以及失去對跨國企業的吸引力。其不合理的情形，就好像從台北飛到高雄，本來就是以直飛最符合經濟效益，現在卻是礙於規定，必須在台中轉機再飛到高雄。

從中國大陸來看，在轉運方面，由於台灣地理位置的優異性，南京、上海、寧波、福州、廈門各港口經由高雄轉運的成本都遠低於經由香港轉運，運用台灣作爲轉運基地可以提升中國大陸的競爭力。以台灣所推動的「境外航運中心」爲例，福州、廈門二港藉著高雄港進行轉運，就帶動了福建地區的發展繁榮。

兩岸之間能夠在經貿有關的各個層面顧及安全的條件下直接往來，甚至進一步達到便捷化的程度，台灣未必就能成爲東亞營運平台，但是那卻是必要條件的一環。

全球化

全球化是要把全球當成一個生產工廠，充分去運用各個地方的比較優勢；全球化也是要把全球當成一個市場，充分去掌握各個地方的商機。但是不管是要去全球各地運用資源或是掌握商機，都是要以台灣作爲基地，與全球建立多樣化的聯結（connectivity）。

台灣在全球化方面要和過去有截然不同的更積極性的作爲，重要的理由有四個。第一，在全球經貿架構調整的過程，尤其是在區域經貿整合的趨勢下，市場和投資機會持續進行動態的移動，機會流失，企業就離開；機會出現，企業就往那邊移動。換句話說，企業就像帶著帳棚的旅者，台灣應該在政策上及行動上積極協助企業對外尋找貿易和投資機會，以實質經貿突破被邊緣化的威脅。在這裏可以紡織業爲例子。

賴索托對台灣而言是一個位於非洲的遙遠的國家，紡織業在台灣則是典型的傳統勞力密集的產業，但是目前台商在賴索托投資紡織業的多達三十多家企業，投資金額達到六億美元，創造了五、六萬名就業機會，相當賴索托就業人口的二〇%。台商之所以千里迢迢跑到賴索托設廠，主要是在美國之非洲成長暨機會法案（AGOA）下，賴國可享有免關稅及免配額外銷美國的優惠，同時賴國政府對投資者也相當友善。

同樣的，南非的另一鄰國史瓦濟蘭也享有AGOA的優惠，約有二十多家台商前往投資成衣相關產業，僱用人數多達二萬，規模還在擴大當中。

從被一般人視爲夕陽產業的紡織業在賴索托、史瓦濟蘭等找到第二春，可以瞭解只要掌握到對的機會，都可以成功地佈局海外。

另外，美國和中美洲五國的自由貿易協定（CAFTA）將於二〇〇四年七月啓動，該地區的成衣廠在五年內可以使用六國以外第三地國家的布料，生產成爲成衣後，享有免關稅及免配額優惠輸往美國；五年之後回歸到必須使用六國布料才能繼續享受優惠。此種經貿局勢的動態變化，會影響我國紡織業者的佈局策略，包括是否在中美洲擴大投資成衣廠、是否投資上游布料廠；在協助業者方面，政府可以有更積極的作爲。

第二，面對台灣的出口及對外投資逐漸向中國大陸傾斜，中國大陸卻又因「世界工廠」的威力惹來進口國層出不窮的採取各種報復措施而使其廠商遭到困境，台灣可以更積極的協助台商前往其他適合地點投資以分散風險。

最近有一位在中國大陸投資木製傢具的業者問筆者，中國大陸的臥室用木製傢具被美國控訴傾銷，到底該怎麼辦？

實際上美國自中國大陸進口的家用木製傢具在二〇〇〇年是十六億五千萬美元，

至二〇〇二年就增加到二十八億九千萬美元，年平均成長率三二%，美國國內所生產的所有木製傢具同期間是從一百二十一億二千萬美元降爲一百零六億七千萬美元，早已經引起美國臥室用木製傢具業者的反彈，本來就是遲早會遭到美國的控訴。

筆者告訴這位朋友，雖然美國的控訴案還在調查中，目前只有三條路走，一是提升產品層次，另一是轉往大陸內銷市場，最好的方法則是另外找個生產據點，建立全球布局；例如歐盟對台灣和中國大陸生產的自行車課徵反傾銷稅，部分業者就利用台灣廠商在越南所投資的工廠代工生產銷往歐洲。

除了貿易報復之外，中國大陸的出口廠商還面臨人民幣升值、中國大陸當局調整出口退稅規定等降低出口競爭力的威脅，爲長遠之計，都需要作全球佈局的打算。

第三，從過去到現在，台灣擁有許多具高度競爭力的傳統產業，這些傳統產業或許在先進國家已經失去競爭力，但是在開發中國家是受到歡迎的產業，以台商所擁有的實力可以在這些成長中的開發中國家再度展現他們的競爭力和創造另一波成功的事業，就像前面所提的紡織業在非洲國家一樣。

第四，台灣亟欲與別的國家洽簽自由貿易協定，協定應該建立在彼此互補、互相需要的基礎上，藉著帶領國內產業在全球布局，強化雙邊經貿實質關係，協定的簽署自然是水到渠成。

從過去到現在，台灣一直是「內向」重於「外向」，所有的資源、優惠措施、輔導措施都偏重於吸引外資、鼓勵投資、強化內部的發展環境，使用於協助企業界拓展海外市場、尋找投資機會的資源相對偏少，駐外經貿據點的數量、人員、經費都遠遠落後於日本、南韓、中國大陸。

展望未來，台灣應該「外向」和「內向」並重，在政策、資源分配、配套措施等方面作重大調整，協助台商以台灣作爲營運總部，積極地走出去布局全球，使海外據點成爲台灣產業的延伸，台灣眞正成爲全球化的國家。

高值化

所謂高值化係指跨國企業在台灣這個營運平台上不管是從事製造、研發，或者是物流、金融等活動，都能夠創造較高的附加價值。

高值化的來源可以很多，例如優秀的人才、良好的基礎設施、高水準的行政效率、緊密結合的產業結構，但是台灣在未來應該以科技爲經，以電子化商務爲緯，建構高值化的基礎。

科技的創新可以創造高附加價值固不待言，以往台灣比較著重成本驅動創新（cost-driven innovation），未來應該轉型爲注重技術驅動創新（technology-driven innovation），如此才能擁有領先行動者（first mover）的優勢，因而具有創新、速度的競爭力。

至於電子化商務的應用在世界上已經日漸普及，以網路爲基礎所進行的協同商務（collaborative commerce）可以藉著（一）將串聯式依序進行的作業改爲並聯式同步進行的作業流程，（二）縮短尋找合適作業夥伴（如供應商）及與合作夥伴完成簽約所需時間，（三）有專屬的協調機制可以加速資訊、資金、貨品的流動及達到資訊共享的功用，因此可以發揮快速上市、降低成本、提升產品品質、提高客戶滿意度等優勢，所有參與協同商務的企業可以共同學習、創新。

在一九八〇年代，美國克萊斯勒汽車公司開發一款新車大約需要三百三十四週，藉著協同商務模式，時程縮短到一百六十週，因此其在九〇年代新車開發的數量約爲八〇年代的二倍，大幅提升了克萊斯勒公司的競爭力。

目前台灣在網路方面的發展必須要加緊腳步，網際網路使用的普及率在二〇〇二年爲百分之三十八，低於南韓的五五%、新加坡的五四%、香港的四三%；寬頻網路

表8-1　台灣製造業產業結構－以產值計

	1991年	1996年	2001年
金屬機械	26.4％	26.7％	23.3％
資訊電子	19.3％	27.1％	36.4％
化學工業	26.0％	24.0％	24.9％
民生工業	28.3％	22.2％	15.4％

資料來源：經濟部工業局

普及率台灣爲九・四%，亦低於南韓的二一・三%、香港的一四・六%。

平台上發展高附加價值產業

以台灣所具備的基本條件，加上以國際化、全球化、高值化作爲支柱，在台灣這個東亞企業營運平台可以發展各式各樣多元化的新興產業，但是能夠在最短期間發揮台灣最大優勢條件的，應該是以製造業爲核心，向外擴展、延伸所發展出來的與製造業有密切關聯的產業。

製造，本來就是台灣以往經濟發展的命脈，累積數十年的經驗，台灣廠商已經是全球最擅長建工廠、管理工廠的專家。

表8-2　台灣自行車產業技術演進

	～1982年	～1990年	～1993年	～1997年	～2001年
管材材料	鋼管為主	合金鋼	鋁合金 碳纖維	鈦合金 碳纖維	鎂合金 鈧合金
製造技術	銅焊	金屬焊接 氬焊	氬焊（鋁合金） 膠合（碳纖維）	氬焊（鈦合金） 一體成形（碳纖維）	氬焊（鎂合金、鈧合金）

資料來源：經濟部工業局

高附加價值製造中心

製造業占台灣國內生產毛額的比重在一九八六年曾經高達三九．四％，雖然其後逐年降低，到了二〇〇二年只占二五．七％，但是製造業仍是創新活動最主要的來源，而且外部帶動效果大，加上台灣市場狹小，缺乏天然資源，未來製造部門不僅仍是帶動經濟成長的火車頭，而且還應該擴大它在經濟活動中的地位。

例如有人主張台灣應該成爲運籌中心、物流中心，但是如果沒有了製造，零組件、半成品、成品都在海外，台灣如何成爲運籌、物流中心？

台灣製造業近十年來的發展主要的問題是過度集中在資訊電子產業，傳統產業逐漸流失。就新增加二億元以上民營製造業重大投資案的金額來看，電子及電力機械業在二〇〇〇年占七九％，二〇〇一年占五八％，此種結構失衡現象還表現在政府偏重一般的高科技廠商、不斷擴展科學園區、股市交易股價向電子產業攀高等方面。（表8-1）

反觀南韓在製造業除了電子、家電領域表現傲人之外，汽車、造船、鋼鐵、石化、線上遊戲軟體等領域都是世界級產業。有了多元化的主力產業支撐，才能持續維持經濟成長的動力，也才能擴大出口的地區，將不同產品輸往不同發展階段的國家。

因此，台灣未來的製造業應該新興高科技產業、傳統產業同步輔導，也要硬體、軟體產業並重，而最終目標就是往高附加價值製造邁進。

很多人以爲高附加價值製造只是個口號，事實上根留在台灣的製造業已經朝此方面努力，而且卓然有成。以自行車產業爲例，從一九八〇年代到二〇〇〇年，台灣自行車產業在管材材料方面從鋼管演進到合金鋼、鋁合金、鈦合金、鎂合金、鈧合金、碳纖維，製造技術也從銅焊演進到氬焊、碳纖維一體成形，二〇〇一年產量將近五百萬輛，九九％外銷；平均單價在一九九七年間達到一百一十至一百三十美元，二〇〇一年更達到一百五十美元，屬於中高級車種，部分廠商高檔產品單價甚至達到九千美元以上。（表8-2）

所謂高附加價值製造一般具備有幾項特色：

- 資本密集且技術密集
- 能夠快速回應市場需求
- 量少樣多、需訂製化、彈性化生產
- 能夠提供客戶問題解決方案（total solution）
- 高品質、高價位
- 關鍵性原材料、零組件

以高附加價值製造爲核心，向四周延伸，可以建立許多具有優勢條件的關聯產業，將核心製造往前向發展，台灣可以努力成爲創新研發中心；往後整合發展，可以創造一個轉運物流中心；在產業支援方向，又可以推動成爲高科技集資中心、金融附加價值服務中心；在資源整合方面，也可以努力成爲創業投資中心、供應鏈管理中心。

創新研發中心

創新研發中心是台灣必定要走的路，有了創新研發作後盾，台灣才能成爲高附加價值製造中心，也才能在產業競爭中享有領先行動者的優勢；有了這樣的能量，才能支持台灣的企業到全球作生產的佈局，也才能使台灣成爲具有吸引跨國企業以台灣爲基地，技術支援其在中國大陸、東南亞地區生產活動的實力。

要成爲創新研發中心，必須具備製造的優勢、廣大的市場以及優良的創新研發環境三個要件；台灣已經具有厚實的製造能量，距離快速成長的中國大陸市場又近，創新研發的環境正逐漸形成，因此可以說是擁有成爲區域創新研發中心的基本條件。在世界經濟論壇二〇〇三－二〇〇四年全球競爭力報告中，台灣在技術指標排名第三，僅次於美國和芬蘭；另外在美國所獲得的專利數量，台灣也僅次於美國、日本和德國，排名第四，顯見台灣在技術研發方面已卓然有成。但是爲加速厚植創新研發能力，台灣在策略上還要作若干調整。

● 要重視研究園區、創新育成中心的發展

到目前爲止，政府的政策和措施還是偏重在傳統量產型的科學工業園區的設置，相較之下，研究園區、創新育成中心的發展較少得到政府相關措施例如一元化服務、租稅優惠、基礎設施等的協助。

● 提高產業技術研發經費

爲了表示重視科技的發展，政府科技預算政策係以每年成長率至少在一〇％以上

表8-3 台灣要成為創新研發中心，在研發經費的投入還需要迎頭趕上

台灣研發投入（2002年）

部門	研發經費（百萬美元）
合計	5,989
產業界	3,753
研究機構	1,517
大專院校	719

美國前十大研發投入企業（2002年）

企業	研發經費（百萬美元）
1. 福特汽車	6,800
2. 通用汽車	6,600
3. 摩托汽車	4,769
4. 輝瑞製藥	4,435
5. IBM Corp	4,336
6 朗訊	4,018
7. 英特爾	3,897
8. 微軟	3,775
9. 嬌生(Johnson & Johnson)	2,926
10. 法瑪西亞(Pharmacia Corp)	2,753

（圖中箭頭：合計 5,989 → 2. 通用汽車；產業界 3,753 → 8. 微軟）

註：台灣研發總經費抵不過通用汽車一家公司，產業界研發投入只能和微軟公司相當。

資料來源：Taiwan Statistical Data Book 2002, Research · Technology Management

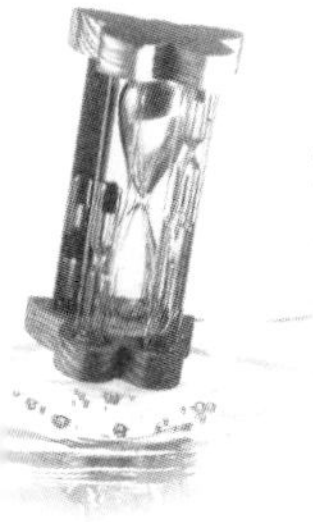

表8-4 南加州大學衍生之生技醫藥公司

The Burnham Institute	7
Caltech	24
City of Hope	1
The Salk Institute	16
The Scripps Research Institute	33
UC Irvine	9
UC Los Angeles	18
US Riverside	5
US San Diego	63
US Santa Barbara	5
合計	181

資料來源：CHI Survey, 2001

作爲目標。但是實際上近五年來，與經濟發展直接有關的產業技術研發經費的成長率約略只有學術研究經費的一半；另方面政府在科技專案的投入經費二〇〇一年爲四四一億，僅及南韓三星電子公司研發經費的五二%左右。政府研發經費的投入不夠，對產業技術能量長期的累積會產生重大不利的影響。（表8-3）

政府直接投入研發經費建立核心技術之外，也要鼓勵企業界進一步提升研發經費的投入。在資訊電子產業領域，一些先進企業的研發經費占銷售額的比例動輒在六—八%，美國半導體產業甚至達到一八%的水準，台灣半導體設計

圖8-1　創新性公司與大學有合作協議之比重（1994-1996）

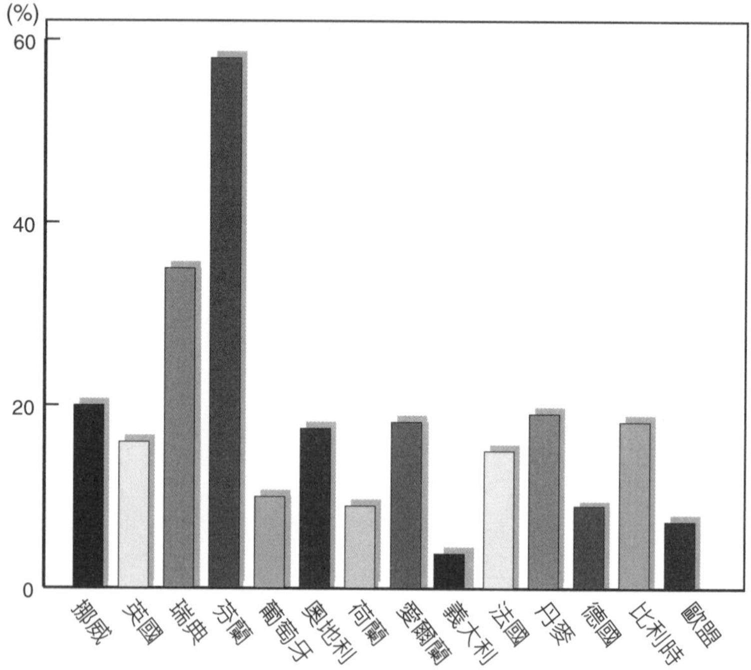

資金來源：Eurostat, Enterprise DG, 2nd Community Innovation Survey

業或是製造業則僅有一〇%，研發投入還要加緊趕上。

● 促使大學和學術研究機構成爲產業研發體系重要的一環

在創新先進國家，大學和學術機構往往是創新知識的來源及提供者。於一九九五年，美國大學專利權收入排名前二十五大的學校其總收入約二億四千五百萬美元，到了二〇〇〇年總收入成長至九億二千二百萬美元，年平均成長率達到三〇%。以美國南加州的十所大學爲例，在二〇〇一年前就衍生了約一百八十一家的生技醫藥公司。（表8-4）

足見大學和學術研究機構對美國創新經濟有相當重大的貢獻。

除此之外，加強企業與大學、研究機構的合作、互動，也可以強化產業研發體系的能量，以及強化技術成果的擴散。在世界經濟論壇全球競爭力報告中，技術指標排名第二的芬蘭爲例，該國具創新性的公司與大學或研究機構彼此有合作協議的比例將近六〇%，遠遠高過歐洲各先進國家。（圖8-1）

在台灣，過去只有產業技術研究機構和企業之間維持比較密切的關係，將來應該讓大學、學術研究機構加入產業研發創新體系，藉著彼此緊密互動的關係，共同學習，源源不斷創造、累積知識，激發創新的發生。

●及早因應人才不足問題

高科技產業快速發展，全世界各類高級人力都普遍供不應求。而隨著全球化腳步加快，人才流動的自由度提高，只有以更開放、更具吸引力的環境才能留住或是吸引人才。

目前台灣亦正面臨人才不足的問題，而且情況是會越來越嚴重。研究機構、高科技企業對國防訓儲役人員是趨之若鶩，新興科技領域如生物科技、奈米技術、數位內容等均苦於人才短缺。

當前高科技產業的榮景，早期留學生扮演重要角色，自國外帶回技術、經驗和商業網絡。但是近幾年來，由於國內普設研究所、實施國防訓儲役制度，以及產業界對高級人才需求孔殷，使得出國人數漸受影響。以赴美國留學之主要國家來看，排名前五名者是日本、中國大陸、韓國、台灣與印度，只有台灣留學人數在逐年減少，甚至一些著名美國大學的研究室例如麻省理工學院計算機實驗室已幾乎看不到台灣的留學生。此種趨勢若持續下去，必將重大影響台灣未來產業的發展。

轉運物流中心

轉運物流中心要具備一些基本的條件，包括地理位置適中、港口條件良好、市場潛力大、產業能力強以及貨物移動流暢等。

台灣因爲（一）位居亞太地區的中心；（二）中國大陸外貿快速成長，但目前尚缺優良深水港口，海、空港口作業效率等條件也尚缺乏競爭力；（三）台灣擁有龐大的製造業能量，並有約五萬家台商在中國大陸，與台灣有密切的貿易關係；（四）物流的加工、檢測、維修、自動化倉儲、分裝等活動均是製造的一部分，台灣具有雄厚的競爭力；（五）台灣正推動貿易便捷化，提升物流效率，因此整體而言，台灣已擁有成爲區域轉運物流中心的優勢。

目前一般大衆所瞭解的是高雄港在全球是重要的貨櫃港，在二〇〇二年貨櫃裝卸量雖然被上海所超越，但在全球仍排名第五位。在空運方面，雖然中正機場在客運量擠不進世界大機場之列，但在貨運量於二〇〇〇年、二〇〇一年都排名在第十六位，二〇〇二年更推進至第十四名，原因之一是台灣有雄厚的半導體、電腦相關產業提供貨源。

展望未來，如果能突破兩岸直航限制，台灣進一步採取國際化措施，預期可以加速成爲亞太的轉運物流中心。

高科技集資中心、金融附加價值服務中心

台灣的資本市場，尤其是股票市場已經建立相當基礎與規模，並且與香港、新加坡、中國大陸在投資標的方面各具特色。

於二〇〇〇年台灣股市尚未下跌時，掛牌公司市值與香港、中國大陸差距相當有限。至二〇〇一年六月，股市掛牌公司台灣有八九五家，香港八二四家，中國大陸一、一三七家，新加坡四九三家，就家數而言，台灣亦是不相上下。但就掛牌公司的結構來看，中國大陸上市公司的品質比不上其他股市，好的投資標的較少，受到中國當局人爲的干涉較深，難以成爲一國際化的資本市場。

香港主板掛牌公司中，則以工業類、綜合企業（控股公司爲主）占主要部分。只有台灣上市（櫃）掛牌公司中製造業占極高比率，在二〇〇三年六月底上市公司中製造業占了七八％，電子股又占了五二％。換言之，台灣的股市與香港、中國大陸有明顯的區隔。最近幾年美國經濟不景氣，甚至有一些矽谷的高科技公司移來台灣上市。

而台灣在往高科技、資本密集產業發展的過程中，對資本市場的依賴也越重，半導體、液晶顯示器產業一旦擴廠，動不動就需數百億元以上的資金。過去台灣半導體

圖8-2　新創事業普及率（1999）

新創事業家數／100位成年人（18-64歲）

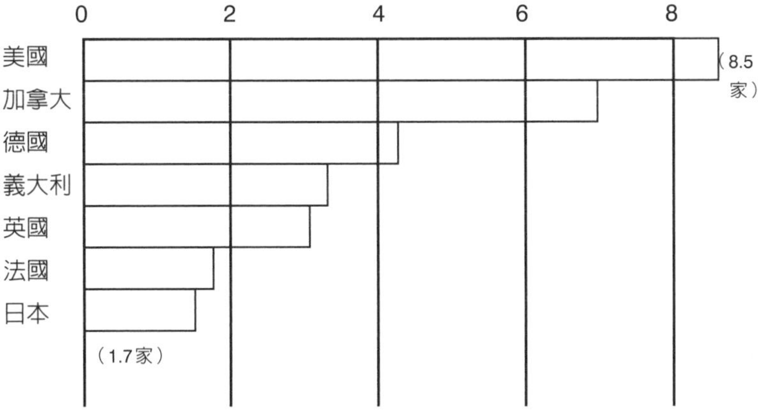

資料來源：Finanical Times, Feb 12/2001

產業之所以能隨世界市場成長而快步擴充，得到股票市場的資金支持是一相當重要因素。因此台灣發展成爲高科技集資中心有其成功條件及必要性，台灣應該運用此高科技產業集資中心（一）支持台灣高附加價值製造中心的穩固地位，（二）支持台灣新興科技產業的發展，（三）支持全球化布局的台商根留台灣。

除了資本市場外，金融是支持產業發展最重要的工具之一，台灣有衆多優秀的高科技企業提供金融業所需要的市場，加之台商在中國大陸數量龐大，這些都是金融業應該掌握的客戶。可惜的是由於政策法規限制，至大陸的台商有一至二萬家在香港開設公司或分支機構，以香港作爲財控中心；另有衆多的台商在避稅天堂如英屬維京群島、開曼群島等設立公司，以之作爲財務調度的中心。

另外，外資前進中國大陸者直線上升，但是中國大陸法令、制度不健全，亟需第三地提供附加價值服務，並有外資金融集團看好未來中國大陸資本市場，需要以台灣作爲前進大陸的金融基地。凡此種種機會，都是有利於台灣努力成爲金融附加價值服務中心。

創業投資中心

新創科技企業是美國在九〇年代「新經濟」期間維持創新活力的主要來源，創造的就業機會高於既有大企業所增加的就業人力。依據相關研究，美國在一九九九年新創事業的普及率每一百位成年人達到八．五家（圖8-2），遠高於其他世界先進國家。據估計，新創企業對新經濟的貢獻占了三分之一，另三分之一來自於既有企業，剩餘的三分之一則由新創企業與既有企業的互動所創造。

然而，一般企業所需資金主要來自銀行體系、資本市場以及自有資金，新創科技企業於初創期間多數僅能仰賴自有資金一途。

新創中小科技企業還有其他問題，例如整體營運規劃能力不足、管理知識欠缺、經營團隊薄弱、核心技術以外的相關技術能力不夠、產業網絡關係不夠寬廣。實力堅強的創投業者往往能結合技術、人力、資金、管理經驗與產業相關的網絡關係，對科技企業的創設、早期階段的成長，給予專業、關鍵性的協助。

台灣應積極推動創投產業的原因主要有二，一是過去伴隨高科技產業的發展，以及資本市場的蓬勃成長，台灣創投產業經過將近二十年的磨練，在東亞已經居於領先的地位，至二〇〇二年計一百九十四家業者實收資金達一千五百一十三億元。

另一個原因是台灣發展新興科技產業的能量仍有不足，完全依賴自行研發的產業技術進而衍生新的投資來創造新的產業，不僅速度太慢，規模也太小，必須在策略上同時從國外引進具潛力的技術或合作投資案，結合國內產業能力共同發展，具有國際經驗的創投產業正可以在技術、人力及產業引進扮演重要的媒介角色。

台灣創投產業固然已經具有相當的基礎，惟其投資對象偏重在擴充期和上市(櫃)前的企業。最近政府推動一千億元的創投基金，應該鼓勵創投業者：（一）提高參與創設及早期階段（early stage）的比例，以符合「創投」的意義；（二）與國外創投產業建立策略聯盟，積極引進投資與技術合作案源。

發展創投產業的關鍵因素除有政府的資金參與外，還應該建立良好的發展環境，包括：

- 鼓勵性的政策：在促進產業升級條例中原有對創投產業提供租稅優惠的條款，後來被取消，就被視爲負面的鼓勵。
- 金融支援：放寬創投的資金募集管道、提供資金退出被投資案的良好機制等。
- 設置育成中心：提供輔導功能齊全、具有優良環境的育成中心。
- 健全支援服務體系：律師、會計師、專業顧問、創投網絡等。
- 創造投資機會：建立技術被商品化的管道、改善投資環境、健全智財權保護等。
- 充實人力資源：塑造吸引創業家、風險資本家、各階層專業人力的良好環境等。

第九章

關鍵機會

烤地瓜

月黑，風寒。

步出飯店，酒酣耳熱漸不敵刺骨寒風。縮著脖子，趕著回家。

路旁，挨著不明的路燈，滿臉鬍鬚的老人家守著烤地瓜的手推車。不禁駐足，趨前揀了根地瓜。

遞出五十塊錢的硬幣，老人家硬是要找我十元銅板，兩人推來推去數回，老人家是滿臉的堅持，彷彿在維護他最後的尊嚴。

握著老人家滿手的粗糙，我心裏吶喊著：老伯，我還能替您作些什麼？

夜已晚，接了剛下課，滿身疲憊的女兒上車，車行過民權東路。

路旁，是輛烤地瓜的小貨車。

問女兒餓不餓，要不要來個點心？她點點頭。

兩人來到小貨車旁，已有一個嚼著檳榔的少年仔靠著車子正對車上的老闆說：你自己憑良心講，你平時在這裏作生意，我有沒有好好照顧你？

車上那位瘦小、全身邋遢的老闆怯生生的回答：有啦！有啦！但是，大哥！你也知道最近生意不好作啦！

女兒一臉疑問望著我。

上了車，我告訴女兒，那應該是收保護費的。

捧著熱騰騰的地瓜，女兒頓時低頭無語。

望著前面黑暗的馬路，我也無語。

電影散場，全家安步當車回家。

走到十字路口，也是一輛賣烤地瓜的小貨車，車子老舊。

車裏，一位年輕人坐在小板凳上，雙手托著下巴，頂著一車的陰暗，在發呆。

繞到駕駛座，一位同樣年輕的婦人。披頭散髮，蜷著身子側臥在座椅上熟睡；旁邊，是個一歲多的小朋友，伊伊啞啞、東摸西扣的自個兒玩他自己的，一付無憂無慮的模樣。

一根一根的地瓜，能否許這個家庭有個美好的未來？

我好想得個答案。

非關景氣，在乎是否爭氣

景氣可以可考驗一個經濟體的實力，實力差的經濟體在景氣低迷時，表現比別的經濟體更糟；在景氣上揚時，表現也不如別的經濟體亮麗。

幾年來，台灣的經濟指標呈現的是下滑的走勢，不僅不如若干新興國家，在亞洲四小龍中也不見出色。危險的是，台灣不知何時淪落到必須拿比較差的經濟體來証明自己的表現仍舊不錯。十七、八年前，將南韓和台灣製造的錄放影機擺在一起，一眼就可以看出哪一部是南韓製造，因爲它落後台灣一大段距離。今天，在《三星升起》（Samsung Rising）一書中，三星展現的企圖心是即使產品上沒有任何三星電子的商標，也要讓顧客一眼就看出那是三星的產品。旺盛的企圖心、高昂的鬥志，驅動三星電子在全球電子產業的排名以三級跳的方式推進，也使三星電子的品牌價值節節升高；在美國《商業周刊》有關全球品牌排名當中，三星電子在二〇〇三年的排名高居第二十五位，品牌價值達到一百零八億五千萬美元。

相反的，策略性痲痺正使台灣忽略了所面臨的內在和外在結構性危險，台灣所能採取有效行動進行再造工程的關鍵時間大約只有五年。

表9-1　最近十五年（1987-2002年）重要經濟指標表現最佳與最差的時間與表現

	最佳		最差	
	時間	表現	時間	表現
經濟成長率	1987年	12.1%	2001年	(–)2.2%
固定資本形成成長率	1987年	18.6%	2001年	(–)20.6%
投資率	1993年	25.7%	2002年	16.8%
工廠新登記家數	1987年	10,721家	2001年	3,792家
公司新設立家數	1992年	56,805家	2001年	29,921家
貨品出口成長率	1987年	34.7%	2001年	(–)17.2%
失業率	1993年	1.5%	2002年	5.2%
中央政府收支餘絀	1998年	645億	2002年	(–)2,473億
平均每戶可支配所得最高與最低分組差距	1987年	4.69倍	2001年	6.39倍

資料來源：行政院主計處、財政部、經濟部

台灣第一個結構性危機是自身體質已經變弱，要改善體質，最起碼需要三至五年時間。

結構性危機之二是全球經貿架構重新調整，美洲自由貿易區、歐盟東擴、東協加一，還有風起雲湧的雙邊自由貿易協定，預期都會在三至五年內呈現重大進展而對全球經貿局勢產生重大衝擊，台灣必須運用這有限時間採取行動以避開被邊緣化的威脅。

台灣的第三個結構性危機來自中國大陸，預期至二〇〇八年奧運之前，中國大陸的經貿氣燄仍將是有增無減，開放的腳步會持續的前進，對台灣的磁吸、取代效應和對台灣被邊緣化的影響力亦是與日俱增，台灣越遲採取有效因應措施，不能儘早建立和中國大陸區隔的競爭優勢，將來要付出代價的倍數會越來越高。

最後一項結構性危機來自於全球經貿競局變化太快，一年一小變，三至五年一大變。單以資訊科技的進步來看，最多三年就是一代，使優勝劣敗的競局三年就足以完全改觀，不僅產業界要趕上產業的腳步，政府的行動也要作同步的配合。

內憂加上外患，改造工程誠然艱巨，能否珍惜這短暫的關鍵機會，痛下針砭，從各方面著手推動國家的改革、建設計畫，需要政府、民間、產業界的同心努力；錯失了這個轉捩時刻，以後要找到同樣的機會可能就很難了。

國家圖書館出版品預行編目資料

臺灣經濟轉捩時刻／尹啓銘作.--初版.--臺北市：商周出版：城邦文化發行. 2004[民93]
面： 公分.--（新商叢：158X）
ISBN 986-124-126-4（平裝）

1. 經濟－臺灣 2. 經濟發展－臺灣 3. 經濟－亞洲

552.2832 93001392

新商叢 158X

台灣經濟轉捩時刻

作　　者／尹啓銘
副總編輯／陳美靜
責任編輯／羅惠馨

發 行 人／何飛鵬
法律顧問／台英國際商務法律事務所 羅明通律師
出　　版／商周出版 城邦文化事業股份有限公司
台北市104民生東路二段141號9樓
電話：(02)2500-7008 傳眞：(02)2500-7759
E-mail：bwp.service@cite.com.tw
發　　行／英屬蓋曼群島家庭傳媒股份有限公司城邦分公司
台北市104民生東路二段141號2樓
讀者服務專線:0800-020-299 24小時傳眞服務：02-2517-0999
讀者服務信箱E-mail：cs@cite.com.tw
劃撥帳號：19833503 戶名：英屬蓋曼群島商家庭傳媒股份有限公司城邦分公司
城邦讀書花園網址：www.cite.com.tw
城邦讀者服務信箱E-mail：service@cite.com.tw
香港發行所／城邦（香港）出版集團有限公司
香港灣仔軒尼詩道235號 3樓
電話：(852)2508-6231 2508-6217 傳眞：(852)2578-9337
馬新發行所／城邦(馬新)出版集團
Cite(M)Sdn.Bhd.(458372U)
11,Jalan 30D/146, Desa Tasik, Sungai Besi,
57000 Kuala Lumpur, Malaysia.
電話：603-90563833 傳眞：603-90562833
E-mail:citekl@cite.com.tw

封面設計／李東記
封面攝影／淩鴻健
打字排版／極翔企業有限公司
印　　刷／韋懋印刷事業股份有限公司
總 經 銷／農學社
電話：(02) 2917-8022 傳眞：(02) 2915-6275

■2004年2月20日初版
■2008年5月二版一刷
定價／249元

 ISBN 986-124-126-4

Printed in Taiwan